Inhalt

I. Allgemeine Grundlagen

1. Zum deutschsprachigen Theater der Zeit

Die Entwicklungen und Tendenzen des deutschsprachigen Theaters seit dem Zweiten Weltkrieg können heute noch keineswegs als Ganzes gesehen werden. Von den nach dem Krieg aus dem Exil zurückgekehrten Dramatikern gelangte allein Bertolt Brecht zu direkter Anerkennung und einer großen öffentlichen wie innerliterarischen Wirkung. Sein Einfluß auf die Folgezeit ist kaum hoch genug einzuschätzen. Das Bühnenschaffen der prae-nationalsozialistischen Zeit in Form der expressionistischen Stücke und der sie ablösenden »Neuen Sachlichkeit« der Weimarer Epoche war durch die Kulturpolitik der Nationalsozialisten abrupt unterbrochen worden. Von einer Wiederbelebung nach dem Kriege konnte keine Rede sein: andere Bewußtseinsinhalte verlangten nach einer gewandelten Vermittlung dramaturgischer Formen. Unbestritten bleibt dabei der – zwar historisch gebrochene – Einfluß des Expressionismus, sogar des Naturalismus der Jahrhundertwende auf spätere Autoren.

Versucht man, die Entwicklung der Bühnenproduktion in den deutschsprachigen Ländern – der Bundesrepublik Deutschland, der DDR, Österreich und der Schweiz also – bis zu Beginn der sechziger Jahre in zwei grobe Kategorien zu unterteilen, so bieten sich die Gruppierungen in »politische« und »nichtpolitische« Stücke an. Für die erste ist in den meisten Fällen, vor allem was die in der DDR entstandenen Texte angeht, der Einfluß Brechts verbindlich. Die zweite Gruppierung – sie umfaßt auch Stücke Frischs und Dürrenmatts – vermeidet zunächst jede Auseinandersetzung mit den Vorgängen der jüngsten Vergangenheit, greift jedoch später mit allgemeinen gesellschaftskritischen Stellungnahmen in das zeitgenössische Geschehen ein. Erst in den sechziger Jahren – der Zeitpunkt läßt sich recht genau auf das Jahr 1963 festlegen – zeichnen sich die Anfänge des dokumentarischen Geschichtstheaters ab. Neben Brecht hat auch Erwin Piscator dessen Entwicklung beeinflußt. Ohne direkte Agitation zu betreiben, will die dokumentarische Bühne historisches Geschehen, das von einer mangelhaften oder parteiischen Geschichtsschreibung verschüttet wurde, als Modell durchsichtig machen. Schrittmachend hat hier Rolf Hochhuths *Der Stellvertreter* (1963) gewirkt. Ihm folgen Autoren wie Peter Weiss oder Heinar Kipphardt. Daneben aber entwickeln sich unter dem Einfluß von Ionesco, Artaud, Beckett und Genet Anfänge des absurden Theaters, für die hier Wolfgang Hildesheimer stellvertretend genannt sei. Im Gegensatz zum dokumentarischen, oftmals engagierten Zeitstück, geht jenes von einer grundsätzlichen Unveränderbarkeit der bestehenden Verhältnisse aus. Gleichsam einen Mittelweg zwischen diesen beiden Positionen beschreitet die groteske Tragikomödie nach dem Muster Friedrich Dürrenmatts – genannt seien lediglich *Die Ehe des Herrn Mississippi* (1952/1957), *Der Besuch der alten Dame* (1956) und *Die Physiker* (1962)* –, die eine grundsätzlich gesellschaftskritische Stoßrichtung verfolgt, ohne sich dabei verbürgten historischen Materials zu bedienen oder durch ›realistische‹ Darstellung tatsächlicher Sachverhalte dem Rezipienten Bezugspunkte einer direkten Ableitung zur Hand zu geben. Zweifellos haben auf diese Richtung vor allem die von Brecht im Exil fertiggestellten Stücke *Der kaukasische Kreidekreis* (1948), *Herr Puntila und sein Knecht Matti* (1948) und *Das Verhör des Lukullus* (1951) eingewirkt. Trotzdem hebt sich das Schaffen Dürrenmatts gerade in der Verwendung grotesker Stilmittel deutlich hiervon ab. Eine Gemeinsamkeit, die Brecht und Dürrenmatt mit den Autoren der dokumentarischen Bühne verbindet, ist in der im jeweiligen Stück angelegten didaktischen Wirkungsstrategie gegeben, die auf eine tatsächlich emanzipatorische Funktion der Bühne hinauswill.

Mit Max Frisch verbindet Friedrich Dürrenmatt nicht nur die gemeinsame Herkunft aus der Schweiz. Beide zählten bis zu ihrem Tod als einzige Autoren der deutschsprachigen Schweiz zur Prominenz des zeitgenössischen internationalen Theaters. Beide begannen ihr dramatisches Schaffen unmittelbar bei Kriegsende und sind damit, da ihre schriftstellerische Potenz unvermindert bis in die achtziger und an die neunziger Jahre wirksam blieb, länger tätig gewesen als andere heute gespielte Bühnenautoren der Gegenwart und der jüngsten Vergangenheit. Schließlich ist noch eine Gemeinsamkeit von Bedeutung: im Schaffen beider bis hin zur Mitte der sechziger Jahre läßt sich ein stark parabolischer Zug beobachten.

Die Entwicklungen beider Autoren verlaufen indessen, trotz anfänglicher Einflüsse Brechts, die sie teilen, durchaus unterschiedlich. Dürrenmatts erstes Bühnenstück *Es steht geschrieben* wurde am 19. 4. 1947 im Zürcher Schauspielhaus uraufgeführt, sein letztes Stück *Achterloo* 1983 in Zürich, dessen Schlußfassung *Achterloo IV* 1988 in Schwetzingen. In den dazwischen liegenden mehr als vier Jahrzehnten hat Dürrenmatt die Wendung zum scharf gesellschaftskritischen Autor vollzogen. Frischs erstaufgeführtes Stück, *Nun singen sie wieder*, ging am 19. 3. 1945 im Zürcher Schauspielhaus über die Bühne. Sein letzter szenischer Text *Triptychon* ist im April 1978 erschienen. Auch wenn seine Stücke bestimmte gesellschaftliche Phänomene modellhaft darstellen, bleibt Frisch in erster Linie der Frage nach der Kontinuität und den Möglichkeiten individueller menschlicher Existenz verpflichtet. Hieran ändert auch seine in anderen Texten und in öffentlichen Reden vorgetragene Parteinahme im tagespolitischen Geschehen grundsätzlich nichts.

---

* Vgl. den ebenfalls in dieser Reihe erschienenen Band »Friedrich Dürrenmatt: Die Physiker« von Gerhard P. Knapp (MD-Nr. 6079).

2. Vergangenheitsbewältigung auf der Bühne

Im Bereich der Stücke, die eine Bewältigung deutscher Vergangenheit auf der Bühne versuchen, zeichnen sich gewisse Gruppierungen ab. Brecht hatte mit den beiden im Exil entstandenen Stücken *Furcht und Elend des Dritten Reiches* (entst. 1935–38) und *Der aufhaltsame Aufstieg des Arturo Ui* (entst. 1941) zwei grundsätzlich verschiedene Typen der dramaturgischen Vermittlung der Geschehnisse des Dritten Reichs vorgeprägt. Im ersten Text – einer lockeren Folge von 24 Szenen – wird die Gewaltherrschaft an verschiedenen Einzelschicksalen quasi authentisch illustriert. Der historische und gesellschaftliche Befund wird an seinen Auswirkungen auf den Einzelnen lehrhaft festgemacht. Im *Arturo Ui* (Brecht selbst bezeichnet den Text als »Parabelstück«) hingegen erscheint der Aufstieg des Nationalsozialismus parabolisch gebrochen: am Modell des Gangsters Ui und vor dem Hintergrund des aggressiven Monopolkapitalismus in Chicago. Brecht benutzt offenkundige und durchsichtige Verschlüsselungen (z. B. Dogsborough = Hindenburg; Speicherbrandprozeß = Reichstagsbrandprozeß; Ernesto Roma = Ernst Röhm etc.), die eine Rückführung auf die historische Realität ermöglichen. Entscheidend ist hier der Verweischarakter des Geschehens – sowohl auf die historisch naheliegende Analogie als auch auf ihre Ursachen in jeder möglichen, wiederholbaren Konstellation. Bemerkenswert ist der Befund, daß die von Brecht geschaffenen Modelle in dieser Form nur mittelbar – erst mit dem Beginn des dokumentarischen Theaters – wirksam werden.

Am Anfang der Auseinandersetzung der Bühne mit der jüngsten Vergangenheit steht Wolfgang Borcherts *Draußen vor der Tür* (1946), ein Nachhall des Expressionismus, in dem der Protagonist Beckmann nun allerdings nicht mehr den expressionistisch-messianischen Aufbruch zum ›neuen Menschen‹ verkündet, sondern vergebens sein altes, vom Krieg zerstörtes Ich aufsucht. Ihm gegenüber steht das neo-naturalistische Zeitstück Carl Zuckmayers *Des Teufels General* (1946), das in der Charakterzeichnung eines deutschen Fliegergenerals – für den Ernst Udet Pate gestanden hat – die Problematik von Gehorsam und Widerstand auszuführen sucht.* Beide Texte können als Prototypen zweier bestimmter Gruppen gelten: einmal der Stücke, die einer Bewältigung in *mystifizierende Beschwörung* ausweichen, dann derjenigen Texte, die sich in der Darstellung bestimmter *Grundsituationen* erschöpfen, ohne den historischen Vorgängen auch nur annähernd gerecht zu werden.

Zur ersten Gruppe gehört Max Frischs *Nun singen sie wieder*, das den Untertitel *Versuch eines Requiems* trägt, ebenso wie sein wenig später erschienenes Stück *Als der Krieg zu Ende war* (1949), auch Zuckmayers späteres Stück *Der Gesang im Feuerofen* (1950). Zur zweiten Gruppe wären zu zählen u.a. Günther Weisenborns *Die Illegalen* (1946), das sich mit der Widerstandsbewegung auseinandersetzt,

* Vgl. den ebenfalls in dieser Reihe erschienenen Band »Carl Zuckmayer: Des Teufels General« von Siegfried Mews (MD–Nr. 6367).

Claus Hubaleks *Der Hauptmann und sein Held* (1954), Peter Hirches *Triumph in tausend Jahren* (1955) oder Leopold Ahlsens *Philemon und Baukis* (1956). Auf dem Gebiet der erzählenden Literatur gehören der zweiten Gruppe etwa die erfolgreiche »Danziger Trilogie« von Günter Grass an (*Die Blechtrommel* [1959], *Katz und Maus* [1961], *Hundejahre* [1963]) oder auch *Die Abenteuer des Werner Holt* (1960) des DDR-Romanciers Dieter Noll. Max Frischs *Andorra* berührt beide Gruppierungen der »Bewältigungsliteratur« und versucht, durch eine zusätzliche parabolische Anlage über die akute Fragestellung hinauszuweisen.

Eine tatsächliche Bewältigung der historischen Vorgänge setzt jedoch wesentlich später ein. In der Bundesrepublik Deutschland hat ihr paradoxerweise das gründlich mißratene Stück *Der öffentliche Ankläger* (1948) von Fritz Hochwälder den Weg zur historischen Analogie gewiesen, wie sie dann in Peter Weiss' *Die Ermittlung* (1965) und Hochhuths Stücken Gestalt wird. In der DDR waren es Stücke von Alfred Matusche (*Die Dorfstraße* [1955], *Nacktes Gras* [1958]), die richtungsweisend wirkten. Ihnen nahe steht auch Siegfried Lenz' bekannter Text *Zeit der Schuldlosen* (1961).

3. Die gesellschaftliche Funktion der Bühne

Mit den Parabeln Brechts, die, im Gegensatz zu seinen Lehrstücken, eine konkrete Aussage am Ende des Spiels vermeiden – die innere Dialektik des Spielverlaufs also nicht zu einem synthetischen Schluß führen –, ihre didaktische Wirkung auf Schauspieler und Publikum aber an der Wirkungsstruktur der Texte festmachen, setzt ein Wandel des Theaters ein, dessen Auswirkungen die folgende literarische Produktion entscheidend prägen. Sieht man einmal ab von Sonderphänomenen, so gehören Appellcharakter und Parabelform als integrale Bestandteile zum modernen Theater. Nun ist die Brechtsche Parabel durchaus unterschiedlich rezipiert, stellenweise sogar in ihrer Aussage der Autorintention zuwiderlaufend gedeutet worden. Man denke an Stücke wie *Mutter Courage*, den *Kaukasischen Kreidekreis* oder *Galileo Galilei* und ihre jeweils geradezu gegensätzliche Wirkung auf westliche oder östliche Publikumsgruppen. Diese Ambivalenz der Brechtschen Parabel mag man als inhärente Schwäche ansehen. Ihr entgegen wirkt jedoch zweierlei: einmal die grundsätzlich kritische Anlage der Stücke, die ein Weiterdenken des Zuschauers notwendig macht, ihn also nicht mit einer einmal auf der Bühne demonstrierten Lösung zufrieden entläßt. Zweitens auch eine Art ›sekundärer‹ Erwartungshorizont, der sich inzwischen mit dem Namen Brechts verbindet und den Zuschauer auf das zu Erwartende vorbereitet.

Wesentlich für moderne Parabel- und Modellstücke ist auch der Zug zur Offenheit, einmal gegenüber der jeweiligen Inszenierung, die weiten Deutungsspielraum besitzt, dann gegenüber der Revision durch den Autor, der in folgenden Einspielungen Erfahrungen früherer Aufführungen verwertet. Gerade Frisch und Dürrenmatt haben häufig hiervon Gebrauch gemacht. Schließlich verbindet die moderne Parabel mit buchstäblich allen anderen Typen zeitgenössischen Theaters (das satirische Volksstück einmal ausgenommen) die gemeinsame Absage an das Grundprinzip von Mimesis, die Illusion also, auf der Bühne »Welt« darzustellen. Brechts – und auch der Expressionisten – a-mimetische bzw. antimimetische Darstellung beeinflußt gleichermaßen moderne Parabelstücke, absurdistische Texte und sogar dokumentarische Zeitstücke. Die Verwendung gelegentlicher naturalistischer Elemente widerspricht keineswegs dieser Grundtendenz. So läßt etwa Kipphardt über dem eigentlichen Bühnengeschehen seines Stückes *In der Sache J. Robert Oppenheimer* Dokumentarfilme mit Nuklearexplosionen etc. ablaufen, Dürrenmatt arbeitet seinen *Physikern* eine Mordhandlung ein, Frisch verwendet in *Andorra* die Liebesbeziehung Andris zu Barblin als starkes Sekundärgeschehen. Handlung jedoch – im Sinne der aristotelischen Bühne autarker Träger des Spielvollzugs – wird mehr und mehr zum Bauelement, zum Versatzstück einer dramaturgischen Fügung, die auf analoge, parabolische Mitteilung angelegt ist. Auf diese Weise erfährt der Wirklichkeitsbegriff von Bühne und Zuschauer eine radikale Wandlung; er wird dadurch, daß er das Gegebene und Gewußte drastisch in Frage stellt, in die Problematik einer Veränderbarkeit von Welt überführt. Eine »epische« Präsenz – die Anwesenheit von Verweiselementen, die einen Bezug zur Welt des Rezipienten herstellen – bestimmt nach den Einflüssen von Brecht und Piscator das moderne Parabelstück. Ihr Ziel ist (im Gegensatz zu der mehr passiven, affirmativen Rezeptionshaltung, die von absurdistischen Stücken vorausgesetzt wird) die Aktivierung kritischer Bewußtseinsvorgänge beim Rezipienten. Auch die Parabelstücke Max Frischs erfüllen alle hier genannten grundsätzlichen Voraussetzungen der zeitgenössischen Modellbühne.

4. Max Frisch. Der werkgeschichtliche Umkreis

Die Anfänge von Frischs fünfunddreißig Jahre umspannendem Bühnenwerk weisen in zwei grundsätzlich verschiedene Richtungen: die Romanze *Santa Cruz* (entst. 1944) schließt folgerichtig an Frischs literarische Produktion der Kriegsjahre an, die stark unter den Einflüssen Thomas Manns, Hesses und der Expressionisten steht. Von der umgebenden geschichtlichen Realität ist hier keine Spur zu finden. Im Mittelpunkt steht die Frage des gelebten bzw. nie gelebten Lebens, der, wenn man so will, problematischen Identität des Einzelnen. Im Gegensatz zu dieser Fluchtliteratur (das Motiv der Flucht spielt durchweg eine wichtige Rolle bei Frisch), versucht der Autor in den beiden folgenden Stücken *Nun singen sie wieder* (1945) und *Als der Krieg zu Ende war* (1949) Beiträge zur Bewältigung der nationalsozialistischen Vergangenheit zu leisten. Den Texten blieb ein größerer Erfolg versagt. In ihrem Rekurs auf individuelles Fehlverhalten gelingt es ihnen nicht, glaubwürdig der geschichtlichen Problematik gerecht zu werden.

Im ganzen besehen, läßt sich Frischs späteres Werk – das betrifft Bühnenwerke und erzählende Texte gleichermaßen – vereinfachend in zwei Gruppen einteilen: Den Werken der privaten, persönlichen Sphäre (wie *Santa Cruz, Don Juan, Stiller, Biografie,* oder *Triptychon*) stehen Werke, die sich mit politischen bzw.

»öffentlichen« Themen befassen, gegenüber (etwa: *Nun singen sie wieder, Als der Krieg zu Ende war, Biedermann und die Brandstifter*). Nur selten versucht Frisch, in einem Werk beide Themenkreise gleichberechtigt zu vereinen; dem einzigen größer angelegten Versuch – *Graf Öderland* – fehlt es sowohl an Überzeugungskraft als auch an Publikumserfolg. Dieses Stück bildet werkgeschichtlich einen Angelpunkt der Bühnenproduktion (vgl. Knapp 2, S. 223–254).

Andorra ist mit beiden oben genannten Gruppen eindeutig verbunden. Es ist zwar vorwiegend als »öffentliches« Stück rezipiert worden, die politische Thematik der Parabel ist aber tief in der Bildnis-Problematik verankert, die den »privaten« Werken Frischs eignet. Die Verbindung *Andorras* mit den anderen Werken Frischs läßt sich in drei Punkten zusammenfassen:

1. Die Parabel-Form;
2. Die politische Thematik, v.a. das Phänomen des Vorurteils;
3. Die Bildnis-Thematik: Vorurteil auf der persönlichsten Ebene.

1. Die Tendenz zum Parabolischen bei Frisch ist zweifellos auf den Einfluß Bertolt Brechts zurückzuführen. Schon die ersten Stücke neigen zum Aphoristischen, zum Allgemeingültigen: man denke an die Zeit- und Raumlosigkeit von *Santa Cruz*, dessen Figuren nicht realistisch, sondern symbolisch für »die Liebe« und »das Leben« aufzufassen sind. *Biedermann und die Brandstifter* ist Frischs erstes rein parabolisches Stück*, *Andorra* sein zweites und letztes. Gleichzeitig sind diese zwei Texte die erfolgreichsten und wirkungsvollsten geblieben; sie markieren den Höhepunkt von Frischs dramatischer Produktion.

> Hierzu vermerkt der Autor selbst in einem Gespräch mit D. Zimmer (Die Zeit vom 22. 12. 1967): »Biedermann und Andorra sind Parabeln [...] Das Verfahren der Parabel: Realität wird nicht auf der Bühne imitiert, sondern kommt uns zum Bewußtsein durch den ›Sinn‹, den das Spiel verleiht; die Szenen selbst geben sich offenkundig als ungeschichtlich, als Beispiel fingiert, als Modell und somit als Kunst-Stoff.« Diese Form stellt ihn aber nur temporär zufrieden. Das Engagement Brechts, das eine konkrete *Lehre* als Anlaß der Parabel voraussetzt, hat Frisch immer gefehlt – dies beweist schon die formale Zurücknahme im Untertitel von *Biedermann*: ›Lehrstück ohne Lehre‹. In einem Vortrag aus dem Jahr 1967 erklärt Frisch: »Die Parabel impliziert Lehre – auch wenn es mir nicht um eine Lehre geht [...] Daher das Unbehagen in der Parabel. Und daher die Suche nach einem anderen Verfahren.« (GW V, S. 477)

In *Andorra* finden also der formale Einfluß Brechts sowie das Konzept eines dramatischen »Modells« ihren gelungensten und zugleich endgültigen Ausdruck.

2. Mit dem Phänomen des Vorurteils auf nationaler/politischer Ebene hat sich der Autor bereits 1948 in *Als der Krieg zu Ende war* auseinandergesetzt. Dort steht die Protagonistin Agnes Anders stellvertretend für ein Volk, dem durch Hetze und Propaganda »der Russe« zum Schreckbild gemacht wurde. Sie als einzige löst sich

* Vgl. den ebenfalls in dieser Reihe erschienenen Band »Max Frisch: Biedermann und die Brandstifter« von Gerda Jordan (MD-Nr. 6085).

vom Vorurteil, um einem russischen Offizier auf »rein menschlicher« Basis gegenüberzutreten. Frisch intendiert hier die Darstellung der Überwindung des Vorurteils durch persönlichen *Mut* – so wie das Vorurteil der Andorraner durch die *Feigheit* des Lehrers Can gefördert wird. *Als der Krieg zu Ende war* ist – wie *Nun singen sie wieder* – durch Handlung, Ort und Personen spezifisch an den historischen Hintergrund des Zweiten Weltkriegs gebunden. Auch Andorra wurde – ob dies intendiert war oder nicht – vor allem als Zeitstück rezipiert, zumindest implizit bezogen auf die Vorgänge im nationalsozialistischen Deutschland.

Eng verbunden mit der Vorurteilsthematik ist Frischs Ausgangsthese der Unbelehrbarkeit des Menschen. Dieser Aspekt prägt den Verlauf von Stücken wie *Nun singen sie wieder* oder *Die Chinesische Mauer* (vgl. Petersen, S. 72 f.), in ähnlicher Weise auch *Andorra* und *Biedermann und die Brandstifter*. Gottlieb Biedermann, der unbelehrbare Bürger par excellence, besitzt weder persönlichen Mut noch Zivilcourage. Der Starrsinn des Einzelnen wird dann in *Andorra* auf ein Kollektiv übertragen: die in ihrer Selbstgerechtigkeit unbelehrbaren Andorraner.

3. Trotz der gesellschaftlich-politischen Anlage von *Andorra* ist die Bedeutung der spezifisch Frischschen Bildnis-Thematik auch für dieses Stück nicht zu übersehen. Die dramaturgische Vorstufe liegt wiederum in *Als der Krieg zu Ende war*, in dem Agnes Anders dem russischen Oberst ohne »Bildnis« begegnen will. Das Thema wird in *Don Juan*, wo der Protagonist sich vom »Bildnis« der literarischen Tradition befreien will, weitergeführt.

»Sich kein Bildnis machen« stellt für Frisch den entscheidenden Schritt zur Überwindung des Vorurteils auf der persönlichen Ebene dar. Die erste größere Ausführung des Themas im Werk findet sich im Roman *Stiller*: »Jedes Bildnis ist eine Sünde. Es ist genau das Gegenteil von Liebe [. . .] Wenn man einen Menschen liebt, so läßt man ihm doch jede Möglichkeit offen und ist trotz allen Erinnerungen einfach bereit, zu staunen, immer wieder zu staunen, wie anders er ist, wie verschiedenartig und nicht einfach so, nicht ein fertiges Bildnis.« (GW III, S. 500)

Die erste Skizze des *Andorra*-Stoffs (»Der andorranische Jude«, GW II, S. 372-374, vgl. auch S. 369-371) integriert das Bildnis-Thema bereits. In der späteren Endfassung des Stückes wird es zur Motivation des gesamten Konflikts. Einzig steht jedoch im Gesamtwerk der Entschluß Andris, dieses Bildnis anzunehmen, auf die Gefahr hin, daß es ihn sein Leben kosten wird: »Alle Andorraner entwerfen zufolge ihres Vorurteils ein Bild von Andri, zwingen ihm eine Rolle auf, die dieser dann, um mit sich selbst identisch zu werden, schließlich annimmt.« (Petersen, S. 71)

Frisch selber besteht darauf, die Aussage *Andorras* liege nicht in einer Anklage des Antisemitismus, sondern im Verweis auf die Bereitschaft des Menschen, sich Bildnisse von sich selber und von anderen anzufertigen. Demnach wäre die Bildnis-Thematik als primär anzusehen gegenüber den historischen Verweiselementen, die die Rezeption des Stückes stark geprägt haben.

Die Wirkung von *Andorra* erfaßt somit sowohl den »persönlichen« als auch den »politischen« Bereich. In dieser Hinsicht steht das Stück innerhalb des Gesamtwerks *Graf Öderland* (1951) vielleicht am nächsten. Während der Entstehung von *Andorra* arbeitete Frisch an der dritten Fassung des *Öderland*, die 1961 erschien.

Öderland wiederum verharrt zu eindeutig im »persönlichen« Bereich, um als politisches Parabelstück gelten zu können. Trotzdem sind die Parallelen zwischen beiden Texten vielfältig: ähnlich dem Lehrer Can wird auch der Staatsanwalt des *Öderland* zum Auslöser gefährlicher und irrationaler Vorgänge, die dann jeder Kontrolle entgleiten. Auch das Phänomen der Massenhysterie verbindet die Stücke. Im Gegensatz zu *Öderland* ist *Andorra* ungleich wirkungsvoller allein durch die Tatsache, daß eine historisch-konkrete Rezeption überhaupt *möglich* ist, daß es die notwendigen *Verweispunkte* für eine geschichtliche Verankerung des Geschehens wenigstens im Ansatz enthält.

Andererseits verrät gerade *Andorra* die Konsequenzen der oft betonten Skepsis des Autors gegenüber den realen, gesellschaftlichen *Wirkungsmöglichkeiten* der Parabel. Das gleichsam »offene« Modell seiner Stücke widersetzt sich – ganz anders als bei Brecht und zeitgenössischen engagierten Autoren – der direkten Umsetzung in die Praxis des Rezipienten und läuft, angesichts all seiner theatralischen Wirksamkeit, derart Gefahr, didaktisch ins Leere zu stoßen. Darüber hinaus muß notwendig sowohl die anti-ideologische Anlage des Stückes als auch sein komplexer Aufbau aus Fiktionalem und quasi-historischen Elementen zu Mißverständnissen in der Rezeption Anlaß geben. Frisch hat sich in der Folge, ähnlich wie Dürrenmatt, vom Parabelstück abgewandt. Es mag als historischer Befund bedenkenswert erscheinen, daß die seit Mitte der sechziger Jahre einsetzende Politisierung der westdeutschen Bühnen auch das Ende des »offenen« Modelltheaters signalisiert. Auf eine Phase der allgemeinen Bewußtwerdung, die die zwanzig Jahre nach Kriegsende zeichnet, setzt nun eine Zeit der konkreter engagierten und stellenweise agitatorischen Bühnenproduktion ein.

II. Max Frisch: Notizen zur Biographie und Werkgeschichte

1. Chronologische Übersicht

1911	Max Frisch wird als drittes Kind von Karoline (geb. Wildermuth) und Franz Bruno Frisch am 15. Mai in Zürich geboren. Die Familie seines Vaters – der selbst Architekt ist – stammt aus Österreich. Frischs problematische Beziehung zu seinem Vater wird in seinem literarischen Werk mehrfach erwähnt.
1924	Frisch besucht das Kantonale Realgymnasium in Zürich.
1927	Der Schüler Max Frisch schickt einen ersten dramatischen Versuch unter dem Titel »Stahl« an Max Reinhardt. Reinhardt schickt das Stück zurück mit der Einladung, spätere Arbeiten einzusenden.
1930	Im Wintersemester Beginn des Studiums der Germanistik, Philosophie und Kunstgeschichte an der Universität Zürich.
1931	Erste journalistische Veröffentlichungen.
1932	Tod des Vaters.
1933	Abbruch des Studiums, z.T. aus finanziellen Gründen. Frisch arbeitet als freier Journalist (v.a. für die Neue Zürcher Zeitung).
1933-34	Ausgedehnte Reisen nach Griechenland, Istanbul, Budapest und Prag. Tätigkeit als Journalist.
1934	Veröffentlichung des ersten Romans *Jürg Reinhart. Eine sommerliche Schicksalsfahrt*, in dem die Reisen Frischs ihren ersten literarischen Niederschlag finden.
1936	Frisch, der sich entschließt, das Schreiben aufzugeben, verbrennt seine bisherigen literarischen Versuche. Er nimmt sein Studium wieder auf mit der finanziellen Unterstützung eines Freundes.
1936-40	Architekturstudium an der Eidgenössischen Technischen Hochschule Zürich; Diplom 1941.
1937	*Antwort aus der Stille. Eine Erzählung aus den Bergen*. Der einzige längere Text, der nicht in den *Gesammelten Werken* enthalten ist.
1939-45	Frisch wird mehrfach zum Wehrdienst eingezogen.
1941	Arbeit als Angestellter in einem Züricher Architekturbüro.
1942	Frisch gewinnt mit einem Entwurf für das Volksbad »Letzigraben« einen Wettbewerb. Im gleichen Jahr Eröffnung eines eigenen Architekturbüros.
1942	Eheschließung mit Constanze von Meyenburg.
1944	Frisch schreibt – auf Anregung des Regisseurs Kurt Hirschfeld – sein erstes Drama *Santa Cruz*. Uraufführung 1946 im Zürcher Schauspielhaus.
1946-48	Ausgedehnte Reisen. Frisch reist in viele deutsche Großstädte, nach Polen, Frankreich, Italien und in die Tschechoslowakei. Viele seiner Reiseerfahrungen gehen in das erste *Tagebuch* ein.
1947	Begegnung mit Bertolt Brecht in Zürich; im November begegnet Frisch Peter Suhrkamp. *Die Chinesische Mauer*.
1949	*Als der Krieg zu Ende war* wird am 8. Januar uraufgeführt.
1950	Reise nach Spanien. Die Thematik des spanischen Bürgerkriegs wird im späteren Werk – bis hin zu *Triptychon* – immer wieder aufgegriffen. *Tagebuch 1946-1949*.
1951-52	Frisch verbringt mit Unterstützung der Rockefeller Foundation ein Jahr in den Vereinigten Staaten und Mexiko. Erste Fassung von *Graf Öderland*.

1953	*Herr Biedermann und die Brandstifter* (Hörspiel); *Don Juan oder Die Liebe zur Geometrie.*
1954	Frisch löst das Architekturbüro auf, um sich ganz seiner literarischen Tätigkeit zu widmen. Trennung von seiner Frau. *Stiller.*
1956	Zweite Reise in die USA, Mexiko und Kuba.
1957	Reise nach Griechenland und in die Arabischen Staaten. *Homo faber.*
1958	*Biedermann und die Brandstifter. Die große Wut des Philipp Hotz.* Verleihung des Georg-Büchner-Preises der Deutschen Akademie für Sprache und Dichtung.
1960-65	Frisch lebt als freier Schriftsteller im Rom. Verbindung mit Ingeborg Bachmann.
1961	*Andorra:* Uraufführung am 2., 3. und 4. November. Dieses Stück – zusammen mit *Biedermann und die Brandstifter* – etabliert Frischs Ruf als Bühnenautor von internationalem Rang.
1964	*Mein Name sei Gantenbein.*
1965	Reise nach Israel. Frisch – der oft reist und häufig seinen Wohnsitz wechselt – kauft ein Haus in Berzona/Tessin.
1966	Reisen nach Polen und in die UdSSR. Filmskript *Zürich Transit.* (Die Verfilmung wurde nach mehreren gescheiterten Versuchen aufgegeben.)
1967	*Biografie: Ein Spiel.* Im Dezember die Kontroverse mit Emil Staiger (der »Züricher Literaturstreit«).
1968	Frisch heiratet Marianne Oellers.
1969	*Dramaturgisches. Ein Briefwechsel mit Walter Höllerer.* Reise nach Japan.
1970	Dritte Reise in die USA. Frisch reist danach 1971, 1972 und 1974 wieder in die Vereinigten Staaten.
1971	*Wilhelm Tell für die Schule.*
1972	*Tagebuch 1966-1971.*
1974	*Dienstbüchlein.*
1975	*Montauk.* Die »Erzählung« stützt sich teilweise auf Frischs Erfahrungen während seiner USA-Reise 1974. Reise nach China.
1976	*Gesammelte Werke in zeitlicher Folge* (6 Bde.). Verleihung des Friedenspreises des Deutschen Buchhandels am 19. 9. in Frankfurt/M.
1977	Frisch, der durch Essays und Reden immer aktiven Anteil an der Tagespolitik genommen hat, hält auf dem Bundesparteitag der SPD am 17. 11. eine Rede.
1978	*Triptychon.* Dieses bisher letzte dramatische Werk besiegelt den Rückzug vom politischen Bereich in die private Sphäre. Uraufführung im Oktober 1979 in Lausanne.
1979	*Der Mensch erscheint im Holozän.* Erzählung.
1980	*Triptychon* (2. Fassung).
1981	Wohnsitz in New York.
1982	*Blaubart.* Erzählung. Ehrendoktor der City University of New York.
1985	Commonwealth-Preis (Chicago).
1986	*Gesammelte Werke,* Bd. 7. Neustadt-Literaturpreis (Universität von Oklahoma).
1991	Max Frisch stirbt am 4. 4. in Zürich.

2. Zur Entstehungsgeschichte

In Frischs *Tagebuch* für das Jahr 1946 – fünfzehn Jahre vor der Uraufführung von *Andorra* – findet sich eine Prosaskizze unter dem Titel »Der andorranische Jude«.

(GW II, S. 372 ff.) Hier wird bereits die Grundsituation der später ausgearbeiteten Figur des Andri kurz umrissen:

»In Andorra lebte ein junger Mann, den man für einen Juden hielt. Zu erzählen wäre die vermeintliche Geschichte seiner Herkunft, sein täglicher Umgang mit den Andorranern, die in ihm den Juden sehen: das fertige Bildnis, das ihn überall erwartet. [...] Die meisten Andorraner taten ihm nichts. Also auch nichts Gutes. Auf der anderen Seite gab es auch Andorraner eines freieren und fortschrittlichen Geistes [...] Sie standen zu ihm bis zu seinem Tode, der grausam gewesen ist, so grausam und ekelhaft [...] Man redete lange davon. Bis es sich eines Tages zeigt, was er selber nicht hat wissen können, der Verstorbene: daß er ein Findelkind gewesen, dessen Eltern man später entdeckt hat, ein Andorraner wie unsereiner – Man redete nicht mehr davon.« (GWII, S. 372 ff.). Die Nebenstränge der Handlung bzw. die anderen Hauptfiguren des Stückes (Barblin, der Lehrer/die Senora, Andris Ausbildung usw.) sind hier noch nicht ausgeführt. Frisch vermerkt hierzu: »Eine erste Grundskizze, gekritzelt auf eine Zigarettenschachtel, und dann die vergrößerten Baupläne mit genauen Maßen und genauen Materialangaben, das ist der Unterschied.« (Bienek, S. 32)

Erst 1957 zieht Frisch eine weitere Ausführung dieses Stoffes zum Anlaß der zwanzigsten Jahresfeier des Zürcher Schauspielhauses in Erwägung: »Ich hatte aber viele Jahre nicht mehr für die Bühne gearbeitet, eine Einübung schien vonnöten. Zu diesem Zweck entstand *Biedermann und die Brandstifter*, 1958, als Versuch, auf der Bühne konkreter zu werden [...]« (Anm. zu *Andorra*). Im Frühjahr 1958 verbringt der Autor einige Urlaubswochen auf Ibiza. Hier – zwölf Jahre also nach dem ursprünglichen Einfall – beginnt die Bearbeitung dieses Stoffes. Fünf nicht erhaltene Fassungen gehen dem endgültigen Text von *Andorra* voraus. Die erste Fassung, die in der Saison 1958/59 zum Jubiläum des Zürcher Schauspielhauses fertig sein sollte, trug den Arbeitstitel »*Zeit für Andorra*«. Diese Fassung blieb unvollendet (während Frisch am Roman *Mein Name sei Gantenbein* schrieb). Nach der dritten Fassung des *Andorra*-Stoffs zieht Frisch, noch immer unzufrieden mit der Ausführung, das Stück vom Spielplan der Jubiläumssaison zurück. Einen zweiten Arbeitstitel – »*Modell Andorra*« – trägt die Fassung, die Frisch dann im Dezember 1960 dem Suhrkamp Verlag vorlegt. Zum endgültigen Titel vermerkt der Autor bescheiden: »Andorra ist kein guter Titel, der bessere fiel mir nicht ein.«

Das Jahr 1960 ist für Frisch größtenteils der intensiven Arbeit an diesem Text gewidmet, vor allem die drei Monate vor der Uraufführung am 2., 3. und 4. November. Frisch hat an den Proben für diese Aufführung Schritt für Schritt mitgearbeitet und den Text während der Proben weiter revidiert, vor allem mehrere Szenen mit der Senora gestrichen. Zusätzliche Revisionen finden statt zwischen der Züricher Inszenierung und dem Vorliegen der gedruckten Ausgabe (Herbst 1961) bzw. der deutschen Erstaufführung (20. Januar 1962). Insofern ist die Entstehung von *Andorra* zutiefst beeinflußt von Frischs praktischen Erfahrungen und Eindrücken in der Zusammenarbeit mit dem Zürcher Schauspielhaus. Eine detaillierte Zusammenfassung der Diskrepanzen zwischen der Züricher und der gedruckten Fassung bringen Wendt und Schmitz (Wendt/Schmitz, S. 28-40).

Die Überarbeitung durch mehrere Fassungen hat *Andorra* mit anderen Bühnentexten Frischs gemein: *Graf Öderland* ging durch drei Revisionen (1951/1956/1961), *Don Juan* durch zwei Fassungen (1953/1962) und *Die Chinesische Mauer* durch zwei Überarbeitungen (1947/1955). Bei diesen Stücken liegen die jeweiligen Fassungen allerdings mehrere Jahre auseinander, während die *Andorra*-Revisionen – von denen nur die letzte gedruckt ist – alle zusammenhängend zwischen 1958 und 1961 entstanden. Frisch hat sich mit diesem Stück – mehr als bei jedem anderen Drama – Zeit gelassen und mit der Freigabe der Endfassung lange gezögert. Dazu erklärt er selbst: »[ich sah], daß dieser Stoff *mein* Stoff ist. Gerade darum zögerte ich lang, wissend, daß man nicht jedes Jahr seinen Stoff findet.« (Bienek, S. 32) Nicht zu unterschätzen ist auch der Einfluß von Dürrenmatts Stück *Der Besuch der alten Dame*, das während der Entstehungszeit von *Andorra* uraufgeführt wurde, auf den Denkprozeß, der Frischs Überarbeitungen unterliegt. (Hierzu vgl. unten S. 31 f.).

3. Frischs Äußerungen zum Text

Zu *Andorra* hat sich der Autor so ausführlich geäußert wie zu keinem anderen seiner Texte. Seine Absichten und Ansätze zur Selbstinterpretation hat er wiederholt in Interviews, Gesprächen und Briefen, v.a. in den »Notizen von den Proben« dargestellt. Diese ausführliche Darlegung der Autorintention dient als Ergänzung, nicht als Korrektur der noch heute vielfach umstrittenen Interpretation des Stückes.

Am wichtigsten ist Frischs wiederholte Behauptung, es handle sich um ein *Modell*, ein Beispiel, eine Parabel, nicht um eine Darstellung des nationalsozialistischen Deutschland, nicht um die Schweiz oder gar um den Staat Andorra, nicht um individuelle Schicksale bzw. Stellungnahmen, sondern um ein allgemeingültiges *Muster* für menschliches Verhalten. Dies gehört zur intendierten Wirkung, denn Frisch behauptet beharrlich: »Die Schuldigen sitzen ja im Parkett.« (Riess)

Frisch will also allgemein auf die Phänomene der Unbelehrbarkeit, des Vorurteils und des kollektiven Sündenbocks hinaus: »Ich meine nicht die SS [. . .] aber was in *Andorra* geschieht, das könnte sich überall ereignen [. . .] So sind die exekutierenden Soldaten denn auch anonym, ohne Sprache. Sie sind nicht nur ein Teil der NS-Vergangenheit.« (Gespräch in der *Abendzeitung* vom 27. 1. 1962). Trotzdem wählt er ein Muster der Darstellung, das dem Publikum außerordentlich konkret und nah erscheinen muß: »Warum ich den ›Jud‹ zum Beispiel nahm? Sein Schicksal liegt uns doch am nächsten, macht die Schuldsituation am deutlichsten.« (Gespräch im *Hamburger Abendblatt* vom 25. 1. 1962).

In seinen ausführlichen Kommentaren zu *Andorra* hat sich der Autor nicht dazu geäußert, daß im Stück selbst *keine Figur* gegen das Konzept des Vorurteils an sich argumentiert, sondern lediglich gegen die Unterstellung des Jud-Seins. Nicht der Mord selber wird durch das Stück beklagt, sondern die Tatsache, daß ein ›Unschuldiger‹ – ein Nicht-Jude also – ermordet wird. Zu diesen Vorwürfen hat Frisch keine Stellung bezogen, er umgeht sie lediglich durch eine Ausweitung des Problemkreises: »Eigentlich handelt das Stück gar nicht vom Antisemitismus. Der Antisemitismus ist nur ein Beispiel.« (Riess)

Die »Notizen von den Proben« beschreiben Frischs Eindrücke während der Probezeit für die Züricher Uraufführung und vermitteln so einige Einsichten zur Interpretation und zur Entstehungsgeschichte. Der Autor gibt im einzelnen neun Punkte an:

1. *Die Geste.* Frisch reflektiert über die Diskrepanz zwischen geschriebenem Text und schauspielerischer Geste, die sich erst bei der Probe ermessen läßt: »Das schauspielerische Talent: die Geste zu finden, dadurch die Lesart der Worte [. . .] ich kenne die Figur oder meine sie zu kennen, aber erst der Schauspieler zeigt sie mir von außen [. . .] seine Geste widerlegt mich, belehrt mich [. . .]« (S. 562)

2. *Der Schrei:* Es geht hier um das sechste Bild, in dem der Soldat über Andri hinwegsteigt und Barblins Kammer betritt. In der Endfassung lautet die Bühnenanweisung: »Barblin will schreien, aber der Mund wird ihr zugehalten.« (S. 498) Hiervon hängt die Gesamtdeutung der Figur der Barblin ab, wie Frisch selber vermerkt: »Hat Barblin ihn bestellt? Oder kann der Soldat auch nur hoffen, daß sie ihn uneingestandenerweise erwartet? [...]Kommt der Soldat zum erstenmal? Als Vergewaltiger? Oder ist das schon ein Brauch [...]« (S. 563) Der Autor will den Soldaten als »dreisten Einbrecher« verstanden wissen. Ein weiterer Schrei Barblins am Ende der Szene (als Andri die Tür öffnen will) wird gestrichen, weil er zu sehr die Situation Barblins in den Vordergrund rücke: » die Szene, jetzt, will etwas andres zeigen: wie Andri sich verraten fühlt, was immer auch da hinten geschehen sein mag oder nicht.« (S. 564)
3. *Links und rechts:* Frisch erwägt bühnentechnische Aspekte der Bewegung nach links oder rechts und zieht Parallelen zu der Architektur und zu den bildenden Künsten.
4. *Der Pfahl*: »Lange Zeit, jahrelang, wollte ich, um die große Form herzustellen, einen Häftling am Pfahl – als chorisches Element durch das ganze Stück: seine Arie der Verzweiflung.« (S. 566) In den Proben wird nach dem Vorschlag Hirschfelds die Hinrichtung auf der Bühne gestrichen, die eine »Schwächung wäre durch Gruseligkeit«. (S. 567) Der leere Pfahl wird schließlich auch entfernt vom Bühnenbild: »Gerade dadurch, daß wir den Pfahl nicht mehr mit Augen sehen, sondern nur noch durch die Worte des bestürzten Vaters, wird der Pfahl wieder, was er sein sollte, Symbol.« (S. 567)
5. *Die Schuhe:* Erst wenn bei den Proben Andris Schuhe »nicht parallel, sondern verschoben« gestellt werden, überzeugen sie den Autor: »[...] ich sehe Standbein und Spielbein, ich sehe den Menschen, der geholt und getötet worden ist. Rührt seine Schuhe nicht an!«
6. *Stellprobe:* Frisch beschreibt sein »Entzücken am Rohbau«, an dem man – wie in der Architektur – noch ergänzen und ändern kann.
7. *Kostüme:* »[...] nach Wochen des Entzückens, kommen die Kostüme [...] und damit jedesmal mein Nervenzusammenbruch.« (S. 569) Der Autor spürt, daß jedes Stück Zeitlosigkeit und Allgemeingültigkeit durch die Verwendung epochenspezifischer Kostüme einbüßt: »Die meisten Kostüme nehmen etwas vorweg, verdecken die Figur durch unser Vorurteil und verschütten das Lebendige, das nur durch Wort und Geste zu erspielen ist.« (S. 570)
8. *Die Schranke:* Dieses Requisit wird hinzugefügt, um die »epische« Sonderstellung der Vordergrundszenen hervorzuheben. Frisch beschließt, den jeweiligen Zeugen »nicht an den Zuschauer, sondern [...] parallel zur Rampe« (S. 571) sprechen zu lassen.
9. *Neuralgische Punkte:* Die Pantomime Andris, als er im ersten Bild sein Geld zusammensucht, »die Art und Weise, wie er nun sein Geld sammelt [...] prägt die Figur in wenigen Sekunden.«

Frisch selbst hat oft den Einfluß Brechts auf dieses Stück betont, »das schlichte Bewußtsein, daß ich von ihm gelernt habe«. Weiter stellt er fest, *Andorra* sei »Kein Versuch über Brecht hinauszugehen, hingegen ein Versuch mit dem Epischen Theater, ohne die ideologische Position von Brecht zu übernehmen [...]« (Wendt/Schmitz, S. 19). *Andorra* zeige schon »rein stilistisch« den Brechtschen Einfluß, Verfremdungseffekte ergäben sich dort »durch das Vortreten der einzelnen Protagonisten, die zwar keinen Song haben, aber Statements von sich geben – da ist ganz sicher, daß ich das von Brecht übernommen habe.« (Arnold, S. 26.)

Rückblickend sagt Frisch 1975 über Andorra, er sei »froh«, das Stück geschrieben zu haben. Es sei ihm aber heute zu »durchsichtig« und »nicht geheimnisvoll genug, für mich selber« (Arnold, S. 38). An gleicher Stelle betont er abermals die parabolische Anlage des Stückes.

III. Struktur des Textes

Ort, Personal, Aufbau

Alle Szenen des Stückes spielen vor dem »Platz von Andorra«. Eine Leinwand im Hintergrund zeigt ununterbrochen die weißen Häuser und den »finsterblauen« Himmel Andorras. Frisch verlangt ein Bühnenbild mit »wenigen Farben«, überhaupt: »so leer wie möglich« (S. 561). Die Leere der Bühne unterstreicht den Symbolcharakter einzelner Gegenstände: der weißen Wände, der Geldstücke, des Steins, der Schuhe des toten Andri. – Auch wenn sich der größere Hintergrund durch das Stück hindurch nicht verändert, ergeben sich räumliche Verschiebungen in den einzelnen Szenen, so für die Szenen in der »Pinte«, in der Tischlerwerkstatt, im Haus des Lehrers. Wichtig die Schwelle zu Barblins Kammer, an der (1) das Liebesverhältnis Andri-Barblin, (2) der Verrat Barblins und (3) die Verhaftung Andris stattfinden. Sie symbolisiert das Geborgensein Andris im Haus des Lehrers, seine Hoffnung auf eine Zukunft bzw. die Zerstörung dieser Hoffnung.

Dem Text voran steht die Notiz: »Das Andorra dieses Stücks hat nichts zu tun mit dem wirklichen Kleinstaat dieses Namens, gemeint ist auch nicht ein andrer wirklicher Kleinstaat; Andorra ist der Name für ein Modell.« Sie wird bei der Züricher Uraufführung im Programmheft wiedergegeben. Die Uniformen der »Schwarzen« sollen ausdrücklich »jede[n] Anklang an die Uniform der Vergangenheit« vermeiden (S. 561). Die Andorraner stellen Typen dar, daher ihre Identifizierung im Personenverzeichnis durch die jeweilige Tätigkeit bzw. familiäre oder gesellschaftliche Position: »Der Lehrer«, »Die Mutter«, »Der Pater«, »Der Soldat«, sogar »Der Jemand«. Nur der stumme »Judenschauer« ist nicht als Typus zu verstehen, sondern als Symbol für die Macht des Vorurteils und deren Institutionalisierung. Diese Figur fungiert als verfremdendes Element: sie hat am bisherigen Geschehen keinerlei Anteil, lediglich die ›sachliche‹ Aufgabe, Juden von Nicht-Juden zu unterscheiden.

Alle Figuren handeln – im Rahmen der Spielstruktur – mehr oder weniger folgerichtig, mit der Ausnahme der Barblin. Frisch selbst erkennt ihre Vieldeutigkeit: »Ob sie eine Hure ist, schnöd, oder eine Verzweifelte, die es in eine Art von Selbstzerstörung drängt, oder nur ein Opfer, eine Vergewaltigte, hier wird es nicht gesagt« (S. 564). Die anderen Gestalten typisieren gewisse Eigenschaften: die Andorraner Selbstgerechtigkeit, Heuchelei und Vorurteil, der Lehrer Feigheit, der Soldat organisierte militärische Gewalt usw. Über die Senora, die keine wesentliche Funktion im Geschehen hat, vermerkt Frisch, sie sei »eine schwache Figur«, aber: »Wichtig ist nicht die Senora, sondern das Problem Andri-Andorra«. Andri steht sowohl im Mittelpunkt des Geschehens als auch allen anderen Figuren isoliert gegenüber. Er soll, wie Frisch in einem Brief aus dem Jahr 1962 vermerkt, keineswegs als rein

»positiver« Held verstanden werden: »Andri ist kein Musterknabe. Er soll uns auch manchmal schockieren wie jeder andere Mensch.«

Mit Ausnahme des vierten, fünften und zwölften Bildes wird jedem Bild ein »Vordergrund« nachgestellt, in dem ein Andorraner an der »Zeugenschranke« einen kurzen Monolog hält und seine persönliche Unschuld am Geschehen vor einem imaginären Gericht beteuert. Mit Hilfe dieser verfremdenden Einschübe erkennt der Zuschauer die einzelnen Bilder als Rückblenden.

Die Spannung, die konsequent vom ersten bis zum zwölften Bild gesteigert wird, löst sich mit dem Höhepunkt des zwölften Bildes, wenn Andri tatsächlich umgebracht wird. Das erste Bild dient als allgemeine Exposition. Das zweite und dritte Bild führen den Konflikt nicht akut weiter, sondern illustrieren jeweils einen spezifischen Aspekt dieses Konflikts. Das vierte und fünfte Bild ergänzen die Exposition. Im siebenten Bild gewinnt der Zuschauer Einblick in die inneren Vorgänge, die Andri zur Annahme seiner Rolle bestimmen werden.

Das achte und neunte Bild bringen jeweils eine weitere Zuspitzung durch das Auftreten der Senora und den Mord an ihr. Im neunten Bild ergibt sich eine abrupte – wenn auch nicht unvorhersehbare – Wende der Spielstruktur: Andri bekennt sich gegenüber dem Pater zum Entschluß, sich selbst »anzunehmen«. Es wäre aber verfehlt, von einer »Peripetie« im Sinne der aristotelischen Bühne zu sprechen, allein deshalb, weil die Wende im Schicksal des Protagonisten nicht von *außen* bedingt ist. Zum zweiten verbietet auch die Natur von Andris Einsicht diese Klassifizierung. Denn er erfährt ja nicht (wie auf der klassizistischen Bühne) die Einsicht in *eigenes*, durch tragische Verblendung und/oder andere Umstände bedingtes Fehlverhalten, sondern er akzeptiert den Irrtum und das Fehlverhalten *anderer* – und damit die tragischen Folgen dieses Fehlverhaltens für sein eigenes Schicksal.

Das zehnte und elfte Bild besiegeln die Isolierung Andris. Im zwölften Bild wird die äußere Handlung – in Form der Judenschau – ihrem Höhe- und Endpunkt zugeführt. Im Hinblick auf die Spielstruktur wirken die Bilder zehn, elf und zwölf eher antiklimaktisch: als eine Besiegelung menschlichen Fehlverhaltens durch den ›realen‹ Vorgang. Mit dem neunten Bild, dem Entschluß Andris, seine ihm zudiktierte Rolle zu akzeptieren, ist die *innere* Dialektik des Stückes eigentlich abgeschlossen. Ob sich in der weiteren Durchführung der Handlung in den letzten drei Bildern tatsächlich eine Intensivierung der Wirkung des Stückes ergibt, oder ob sie im Gegenteil hierdurch abgeschwächt wird, hat im einzelnen der Rezipient zu entscheiden.

Erstes Bild

Der Beginn des ersten ist identisch mit dem Schluß des zwölften Bildes: Barblin, die Tochter des Lehrers, weißelt eine Wand. Der Konflikt wird eingeführt: das Dreiecksverhältnis Barblin – Soldat – Andri gehört zu dieser Exposition; die Erniedrigungen Andris durch den Soldaten sichern Andri bereits jetzt die

Sympathien des Zuschauers. Ebenfalls wird die Feindschaft der Andorraner gegenüber Andri am Verhalten des Tischlers aufgezeigt. Die Andorraner werden en masse vorgestellt in der »Prozession«. Diese soll dem Zuschauer einen ersten, noch harmlosen Eindruck geben von den Massen, die im zwölften Bild wieder erscheinen.

Das kollektive Selbstverständnis der Andorraner – »ein friedliches Land, ein schwaches Land – ein frommes Land« – wird vom Pater ausgedrückt. Wichtig die Vorausdeutungen auf die drohende Katastrophe: blutrote Erde auf den weißen Wänden (S. 465), die Ängste Barblins, der unerklärliche Pfahl am Marktplatz. Im ersten Bild sind alle für den Spielverlauf wesentlichen Elemente schon angelegt.

Vordergrund: Der Wirt legt den Ton der folgenden Vordergrundszenen fest. Sein Monolog rationalisiert das Geschehene und betont die eigene Unschuld: »Ich bin nicht schuld, daß es dann so gekommen ist. Das ist alles, was ich nach Jahr und Tag dazu sagen kann.« (S. 477) Wichtig für den Zuschauer die Einsicht, daß das eigentliche Bühnengeschehen längst der Vergangenheit angehört.

Zweites Bild

Die Szene spielt an der Schwelle zu Barblins Kammer. Hier wird das heimliche Liebesverhältnis zwischen Barblin und Andri dargestellt, das jetzt noch intakt ist. Aber schon reden sie aneinander vorbei: Barblin verrät – gerade durch ihr Schwören, daß sie nie an »die anderen« denke –, daß sie doch an sie denkt. Andri reflektiert über seine Judenrolle. Es wird klar, daß Andri selbst dem Judenklischee nichts entgegenzusetzen vermag.

Vordergrund: Der Tischler – unbelehrbar und »unschuldig« wie der Wirt – bleibt bei seinen Vorurteilen: »Wieso wollte er nicht Verkäufer werden?« (S. 481)

Drittes Bild

Andris Benachteiligung am Arbeitsplatz. Die Entschlossenheit des Tischlers, Andris Arbeit um jeden Preis abzuwerten, wirkt überzeichnet. Durchsichtig auch die Absicht, am Tischler die Geldgier der Andorraner ironisch bloßzulegen und sie dem Vorwurf der Geldbesessenheit zu kontrastieren, der gegen Andri erhoben wird.

Vordergrund: Der Tischlergeselle betont seine Unschuld.

Viertes Bild

Das vierte Bild zerfällt in zwei Teile. Der antisemitische, hochstaplerische »Doktor« liefert ein Beispiel für die Kleinlichkeit und Unbelehrbarkeit der Andorraner. Wichtiger die Szene am Eßtisch, als Andri und Barblin dem Lehrer ihre Heiratspläne offenbaren. Anstatt seine Vaterschaft gegenüber Andri zu gestehen, reagiert dieser mit Entsetzen. Andris Erklärung für die Reaktion seines

»Pflegevaters« (»weil ich Jud bin« [S. 496]) vermittelt dem Zuschauer Einblick in seine Denkweise: wie alle anderen ist er unfähig, mögliche *nicht*-rassistische Argumente überhaupt zu erkennen. Der darauffolgende Ausbruch des Lehrers spitzt die Problematik zu.

Fünftes Bild

Dieses kürzeste Bild des Stückes läßt den Konflikt vollends durchsichtig werden durch das Bekenntnis des betrunkenen Lehrers, Andri sei sein Sohn und Barblins Bruder.

Sechstes Bild

Die Handlungsstruktur erreicht durch weitere Verwicklung einen ersten, vorläufigen Höhepunkt. Frisch läßt zwei Geschehnisse simultan ablaufen: über den vor Barblins Kammertür schlafenden Andri steigt der Soldat, betritt die Kammer und – der Schrei bezeugt es – tut Barblin Gewalt an. Indessen wacht Andri auf, und kurz darauf erscheint der Lehrer, der beteuert, Andris Vater zu sein. Andri weigert sich, ihm zu glauben. Als dann in Barblins Kammertür der Soldat erscheint, reagiert Andri gleichermaßen mit Unglauben: »Das ist nicht wahr...« Streng genommen, ist es seine Liebe zu Barblin, die ihn daran hindert, die Erklärung des Lehrers zu akzeptieren. Im gleichen Augenblick aber, wo er sich dieser Einsicht verweigert, kann er ebenso wenig an die Zerstörung seiner Beziehung zu Barblin durch Peider glauben. Gleichsam durch die Hintertür führt Frisch hier Bruchstükke des klassizistischen Dramas in Form von Andris Blindheit ein.

Vordergrund: Der Soldat, jetzt in Zivil, erklärt, er glaube »noch heut, daß er einer gewesen ist«, weiter: »Ich habe nur meinen Dienst getan. Order ist Order.« (S. 503)

Siebentes Bild

Der Pater versucht, Andri zur »Selbstannahme« zu bereden, ihm das »Anderssein« akzeptabel und würdig erscheinen zu lassen. Auch der Pater ist nicht in der Lage, die Scheinalternative Jud oder Nicht-Jud zu erkennen.

Vordergrund: Der Pater gesteht als einziger seine Mitschuld: »Auch ich habe mir ein Bildnis gemacht von ihm.« (S. 509) Als einziger vermeidet er die Formel: »Ich gebe zu [...] aber [...] ich bin nicht schuld.«

Achtes Bild

Die in der »Pinte« versammelten Männer spekulieren über die Ankunft der Senora – einer »Schwarzen« – in Andorra. An zentraler Stelle, kurz vor dem Wendepunkt, wird nochmals die trügerische, im Grunde gefährlich fremdenfeindliche Verfassung der Andorraner gezeigt. Dies wieder eine »Massenszene«, die die nächste, viel schrecklichere des zwölften Bildes vorwegnimmt. Eine Schlägerei zwischen Andri und den Soldaten endet damit, daß die Senora – die ihn als ihren Sohn erkennt – sich für ihn einsetzt.

Vordergrund: Als Ausnahme wird nun kein Monolog, sondern ein Dialog gegeben, in dem der Lehrer und die Senora ihre gemeinsame Schuld erklären. Beide waren zu feige gewesen, ihr außereheliches Kind vor »ihren Leuten« anzunehmen. Der Rückblick aus dem achten Bild folgt nicht konsequent aus der Spielstruktur und stellt eine gewisse Verharmlosung des Geschehens dar. Wichtig allein die Vorausdeutung: »Und wenn sie [die Andorraner] die Wahrheit nicht wollen?« (S. 520)

Neuntes Bild

Frisch nennt das neunte Bild »die wichtigste Szene des Stückes«. – Die Senora – deren einzige Funktion ist, den Lehrer zu bewegen, die »Wahrheit« über Andris Herkunft öffentlich bekanntzugeben und, wie sie glaubt, die Lage hierdurch zu entschärfen – verabschiedet sich von Andri, ohne ihm aber selbst die Wahrheit zu sagen. Der Pater erklärt ihm, sie sei tatsächlich seine Mutter, er somit »kein Jud«. Andri weigert sich abermals, dies anzuerkennen. Sein Schicksal als Märtyrer und kollektiver Sündenbock ist somit besiegelt aus eigenem Entschluß: hier der entscheidende *interne* Wendepunkt des Stückes. Ebenfalls in dieser Szene der *externe* Wendepunkt: der Tod der Senora liefert den äußeren Vorwand, Andri zu verhaften und hinzurichten. Die Konsequenz ist jedoch keineswegs zwingend: denn Andri wird *nicht* wegen Mordes hingerichtet, sondern weil der Judenschauer ihn als Juden aussondert.

Vordergrund: Ein »Jemand« erklärt stellvertretend für den unbeteiligten Zuschauer sein Mitleid für das Opfer. Trotzdem: »Einmal muß man auch vergessen können.« (S. 529)

Zehntes Bild

Die letzte Konfrontation zwischen Andri und dem Lehrer findet vor dem verlassenen Platz statt: Die Massen von Andorra hören schweigend hinter ihren Fensterläden zu. Ihr Schweigen kontrastiert dem depersonalisierten »Gedröhn des fahrenden Lautsprechers«. Andri weigert sich ein letztes Mal, die Wahrheit zu akzeptieren.

Vordergrund: Das Orchestrion, das Andri zu Ende des Bildes in Bewegung gesetzt hat, spielt weiter. Drei Soldaten deuten die Besetzung des Landes durch die »Schwarzen« an.

Elftes Bild

Andri wendet sich nun auch endgültig von Barblin ab, die ihn – als ihren Bruder – verstecken will. Barblins Argumentation gleicht der ihres Vaters: »Andri – du bist keiner!« (S. 538) Während die Soldaten an die Haustür trommeln, will Andri, im Versuch, die Alternativrolle des »Bruders« zurückzuweisen, Barblin umarmen. Als die Soldaten kommen, sitzt Barblin vor der Kammer, von deren Existenz nur der Soldat Peider wissen kann. Andri wird ergriffen, die »Judenschau« angekündigt. Barblin wird von Peider als »Judenhure« bezeichnet.

Vordergrund: Der geschwätzige Doktor, der sich »kurz fassen« möchte, spricht ausführlich an der Zeugenschranke. Durch dieses retardierende Moment wird die Spannung auf die bevorstehende »Judenschau« erhöht.

Zwölftes Bild

Die Judenschau, so Frisch in einem Brief aus dem Jahr 1962, soll »mittelalterlich« und »legendär« wirken: »Der Zuschauer soll das Gefühl haben und hat es auch, das sei ein Brauch, den nur er nicht kennt.« Auffallend der Geräuschkontrast: die Andorraner schweigen oder flüstern, Andri vor allem schweigt fast durchweg; dagegen wirkt der Befehlston der Soldaten umso bedrohlicher. Die »vermummten« Andorraner müssen ihre Schuhe ausziehen: der Judenschauer »sieht's an den Füßen«. (S. 545) Barblin irrt von Bürger zu Bürger und versucht, die »Schau« zu verhindern. Sie wird weggeschleift – hier der erste »Schock« für den Zuschauer, der jetzt Vorurteil in Gewalt umschlagen sieht. Das Element des Schocks, der »Gruseligkeit« bestimmt wesentlich die Wirkungsstrategie der Szene. Andri wird vom Judenschauer ausgesondert. Dieser verläßt die Bühne, nachdem er automatengleich seine Funktion erfüllt hat. Andri wird von Soldaten umringt, die ihm den kleinen Finger abschneiden, um den Ring der Senora zu bekommen. Er wird von der Bühne geführt.

Die Szene bildet den theatralischen Höhepunkt des Stückes, wenn auch nicht seinen entscheidenden Wendepunkt. Sie kombiniert verfremdende und surreale Elemente – Judenschau und Judenschauer – mit dem deutlichen Realitätsanspruch der Handlung. Der anonyme Vernichtungsmechanismus kontrastiert dem Leiden des einzelnen, symbolisiert im Verlust des kleinen Fingers. – Eine kurze Nachszene zeigt die irre Barblin, geschoren, die wieder Wände weißelt. Der Pater versucht sie vom Platz wegzuführen, aber sie läuft zurück zu den Schuhen Andris: »Wenn er wiederkommt, das hier sind seine Schuh.«

IV. Wort- und Sachkommentar

Erstes Bild

S. 462 *Andorra:* Frisch betont nachdrücklich, daß der wirkliche Staat *nicht* gemeint sei. Andorra, ein unabhängiges Land in den Pyrenäen zwischen Frankreich und Spanien, liegt etwa 110 km nordwestlich von Barcelona. Andorras sechs Dörfer leben hauptsächlich vom Tourismus und von der Schmuggelei, die zu den »Traditionen« des Landes gehört. – *Andri:* Der Name verweist auf eine inhärente Verbindung mit Andorra, läßt aber auch ein »Anders-Sein« anklingen. – *Barblin:* Der Name ist – wie Andri, Peider, Prader, Fedri – rätoromanisch; er wird nach Frischs Maßgabe auf der letzten Silbe betont.

S. 463 *Barblin weißelt:* Das Weißstreichen der Häuser ist ein Symbol für die vorgebliche Unschuld Andorras. – *Michelin-Männchen:* Reklamefigur der Reifenfabrik Michelin. – *Plattfüße:* Erster Hinweis (der dem Zuschauer unverständlich bleiben muß) auf die Judenschau im 12. Bild.

S. 464 *der Kohlensack rennt in allen Gassen herum:* Anspielung auf alemannisches Brauchtum.

S. 465 *die Schwarzen da drüben:* Beide Bezeichnungen sind rein metaphorisch zu verstehen. – *beim Kindermord zu Bethlehem:* Vgl. Matthäus 2, 16-18.

S. 467 *Man bindet ihn an einen Pfahl* [. . .] *Und wenn er eine Braut hat, die wird geschoren:* Vorausdeutung auf den Ausgang des Stückes.

S. 468 *50 Pfund:* Ein »Pfund« ist – wie »die Milliarde« in Dürrenmatts *Besuch der alten Dame* – eine Währung, die sich mit keinem bestimmten Land verbinden läßt. (Im realen Staat Andorra werden sowohl die französische als auch die spanische Währung verwendet.)

S. 471 *die Muttergottes wird vorbeigetragen:* Anspielung auf religiöses Brauchtum.

S. 474 *Wenn einer seine Liebe hat* [. . .]: Die Song-Form erinnert eindeutig an Brecht, indirekt auch an Büchners *Woyzeck*.

Drittes Bild

S. 482 *Aber reib nicht immer die Hände:* Die sprichwörtlich »typische« Geste jüdischer Kaufleute.

S. 483 *lobpreiset eure Zedern vom Libanon:* Zedern sind das nationale Symbol des Libanon. Vgl. auch Psalm 92, 13.

S. 486 *Klagemauer:* Die Westwand des Tempelplatzes in Jerusalem, traditionell die Gebetsstätte für die Juden. Sie war für sie von 1948 bis 1967 unzugänglich.

Viertes Bild

S. 488 *mens sana in corpore sano* (lat.): Gesunder Geist im gesunden Körper.

S. 493 *Sie wissen ja nicht, was sie reden:* Eines von vielen freien Bibelzitaten im Stück. Vgl. weiter S. 507, 509, 510 (7. und 8. Bild); S. 530 (10. Bild).

Siebentes Bild

S. 508 *Einstein:* Albert Einstein (1879-1955), Physiker und Begründer der Relativitätstheorie, Entdecker der Äquivalenz von Masse und Energie ($E = mc^2$). Wegen seiner jüdischen Abstammung 1933 zur Emigration in die Vereinigten Staaten gezwungen. – *Spinoza:* Baruch de Spinoza (1632-1677), niederländischer Philosoph jüdischer Abstammung, dessen Eltern vor der Inquisition in Holland Zuflucht gefunden hatten. Legte später seine Zugehörigkeit zur jüdischen Gemeinde ab. Hauptwerk: *Ethica ordine geometrico demonstrata* (1674).

S. 509 *Du sollst dir kein Bildnis machen von Gott:* Das zweite Gebot, vgl. 2. Mose 20, 4.

Achtes Bild

S. 510 *Senora:* Die korrekte Form ist Señora – spanisch ›Frau‹ oder ›Dame‹. – *die Letzten werden die Ersten sein:* Vgl. Matthäus 19, 30.

S. 511 *Ich sage: sie werden's nicht wagen:* Wörtliches Zitat der Aussage von Büchners Danton, der an seine (historisch verbriefte) Hinrichtung nicht glauben will. Vgl. Georg Büchner: *Dantons Tod.* In: Georg Büchner, Gesammelte Werke, hg. v. Gerhard P. Knapp. München [8]1991 = Goldmann Klassiker 7510, S. 42, S. 51.

S. 512 *Und wenn sie Klotz hat!:* Gemeint ist wohl die altertümliche Dialektbezeichnung ›Klotz‹ für Beule bzw. Hautkrankheit.

S. 513 *Oder wie Perin, unser großer Dichter:* Ein Dichter dieses Namens ist nicht zu eruieren.

S. 515 *das Märchen [. . .] von David und Goliath, jetzt möcht er uns den David spielen:* Vgl. 1. Samuel 17.

S. 516 *Wo hast du die Schleuder, David?:* 1. Samuel 17, 49-50.

Zehntes Bild

S. 533 *einen Sündenbock:* 3. Mose 16, 21-22.

S. 534 *Ich bin verloren:* Die gleiche Zeile hat eine zentrale Funktion in Dürrenmatts *Besuch der alten Dame* (Ende des zweiten Akts).

Elftes Bild

S. 539 *'s ist einerlei:* Vgl. die Worte Maries in Büchners *Woyzeck*: »Meintwegen. Es ist Alles eins.« (Vgl. Georg Büchner. Gesammelte Werke, hg. v. Gerhard P. Knapp. München [8]1991 = Goldmann Klassiker 7510, S. 169.)

S. 541 *Die Judenschau:* Eine Erfindung Frischs. Frisch vermerkt in einem Brief aus dem Jahr 1962: »eine Erfindung, eine freie Erfindung, um so unheimlicher, je weniger sie an historische Fakten erinnert.« Natürlich wird *indirekt* auf »historische Fakten« angespielt, denn es war durchaus üblich, von gewissen »rassischen« Charakteristika bzw. vom Vorhandensein einer Beschneidung auf die Zugehörigkeit einer Person zur jüdischen »Rasse« zu schließen. Es sei hier nur an die ausgedehnten (pseusdowissenschaftlichen) »rassenkundlichen« Studien der Zeit von 1933 bis 1945 erinnert.

Zwölftes Bild

S. 543 Die Symbolik der Schuhe und Tücher ist ebenfalls ein biblisches Motiv, vgl. 2. Mose 3, 5-6.

S. 559 *Wo hast du meinen Bruder hingebracht?:* Anspielung auf die biblische Frage an Kain: »Wo ist dein Bruder Abel?« Vgl. 1. Mose 4, 9.

V. Gedanken und Probleme

1. Die dramaturgische Gestaltung

Die dramaturgische Gestaltung von *Andorra*, die sich um einiges weiter von Brecht entfernt als *Biedermann*, zeigt eine gewisse Ambivalenz. Die Spielstruktur ist kunstvoll gebrochen, denn die allen Bildern (mit Ausnahme des 4., 5. und 12.) nachgestellten »Statements« an der Zeugenschranke sind nicht nur als episches Moment aufzufassen – als Ablenkung des Zuschauers vom eigentlichen Spielverlauf und Provokation zum Mitdenken –, sie heben zugleich das eigentliche Geschehen aus der Spielgegenwart heraus und lassen es als zwar vergangen, jedoch beliebig wiederholbar erscheinen. Das Geschehen selbst hinwiederum erscheint in konventioneller Bindung von Raum und Zeit und folgt einer sukzessiven, »logischen« Entwicklung, wie sie die klassische Tragödie kennt. Hierin erscheint die Gliederung in einzelne »Bilder«, die ja eine »offene« dramaturgische Form suggeriert, wieder teilweise aufgehoben. Der theatralische Höhepunkt – die »Judenschau« des 12. Bildes – fällt nicht zusammen mit dem gedanklichen Zielpunkt des Stückes: Andris Übernahme der »Judenrolle« im 9. Bild. In diesem Umstand mag man eine gewisse Unsicherheit Frischs vermuten. Denn er führt das Geschehen, wenn es seinen folgerichtigen Schluß in der Konversion Andris und dem Sieg des Vorurteils erreicht hat, darüber hinaus zum grausigen Ende. Eine allein *lehrhafte* Parabel hätte im Bild 9 ihr Bewenden gehabt, und die Andeutung des Mordes an Andri hätte genügt. Ein eindeutig nicht-episches Element liegt in der Liebesbeziehung Andris zu Barblin. Gegenüber der gedanklichen Dialektik der Vorurteilsproblematik gewinnt dieser Handlungsstrang eine Eigenständigkeit, die ihn vom »Modellhaften« der Gesamtlage abhebt und ins Individualproblematische versetzt. Hiermit überspringt die Appellstruktur des Stückes die Zeugenschranke, an der parabolisches Geschehen ausgewertet wird, und wendet sich direkt an die Sympathie des Rezipienten. Bestandteile der traditionellen Tragödie finden sich auch in der »tragischen« Blindheit Andris sowohl seiner Abstammung als auch der Entwicklung seiner Beziehung mit Barblin gegenüber. Diese widersetzen sich notwendig einer lehrhaften Aufnahme, umso mehr deshalb, weil auch die Ergreifung Andris als vermeintlicher Mörder der Senora und seine Tötung als Jude in ironisch-tragischem Widerspruch stehen: »Die Darstellungsmethoden des dramatischen und epischen Theaters prallen aufeinander oder, besser gesagt, stehen in einem kontrapunktischen Verhältnis zueinander.« (Jurgensen 2, S. 89) Auch der theatralisch äußerst wirkungsvolle Schluß – Barblin, irre geworden, klammert sich an die Schuhe des toten Andri – lenkt eher ab von der parabolischen Stoßrichtung des Stückes. Frisch selbst nennt das im Stück gestaltgewordene ›Andorra‹ ein *Modell.* Das Stück aber bleibt schon in seiner dramaturgischen Anlage den Beweis schuldig, ob es sich dabei um ein Modell *individuellen* Schicksals bzw. einer individuellen Konsequenz aus kollektivem Fehlverhalten handelt – oder um ein *historisch lokalisierbares*, in einer möglichen Gesellschaftsordnung anzusiedelndes Modell organisierter Gewalt.

Die Ambivalenz des Stückes ist vielfacher Anlaß zur Kritik geworden. Wolfgang Ismayr glaubt, diesen Vorwurf widerlegen zu können:

»Der Vorbehalt [. . .], die Problematik des Antisemitismus – und jeglichen rassischen Vorurteils – ergebe sich nicht daraus, daß jemand verketzert werde, der doch im Grund mit denen, die ihn mit Haß und Verachtung belegten, gleich sei, sondern aus der mangelnden Bereitschaft, jemanden zu tolerieren, obwohl oder gerade weil er anders sei, zielt gerade an dem Anliegen des Stückes vorbei, das die *Entstehung* eines sog. Rassencharakters von Minderheiten reflektiert. Vor allem aber setzt diese Kritik voraus, Andri teile – als gebürtiger Andorraner – von Anfang an die Fehler seiner Landsleute. Andri ist aber zunächst (aufgrund seiner Jugend und wohl auch der unkonventionellen Erziehung des Lehrers) noch nicht von Vorurteilen belastet, in seinen Denkgewohnheiten und Verhaltensweisen noch unfixiert, noch offen für Erfahrungen. Er ist noch auf der Suche nach seiner Identität. Indem die Andorraner aber ihre schlechten Eigenschaften in Andri hineinprojizieren, verwandelt auch er sich gewissermaßen in einen ›Andorraner‹. Da er freilich sein Schicksal mutig annimmt, wächst er doch auch wieder über sie hinaus.« (Ismayr, S. 157f.)

Die Betrachtung der Struktur jedoch verdeutlicht unmittelbar die Sonderstellung, die Frischs »Modell« im Umkreis der zeitgenössischen Parabel einnimmt. »Frisch [hat] eine völlig neue, doch wie es scheint einmalige Form des Dramas geschaffen.« (Jurgensen 2, S. 89)

2. Die Figuren

»In einem literarischen Text vom Range *Andorras* gibt es, wie die divergierenden Deutungen und Mißdeutungen jetzt schon bezeugen, so viele Sinnschichten, daß sie – wenn überhaupt – nur in der vorab nicht begrenzbaren Geschichte seiner Rezeption und Analyse entdeckt und durchdrungen werden können. Wer einzelne davon isoliert und zur zentralen oder gar einzigen ›Aussage‹ erklärt, bringt den Text um die Qualität seiner internen Unendlichkeit, schlägt ihn im buchstäblichen Sinne platt.« (Pütz in: Wendt/Schmitz S. 123)

Der formalen Vielfalt bzw. dem strukturellen Eklektizismus des Stückes entspricht die Vielschichtigkeit seiner Hauptfiguren. Die schillerndste Figur – Frisch hat ihr mit Absicht keine eindeutigen Konturen verliehen – ist die der Barblin. Ihre Passivität gegenüber Andri wie auch dem Soldaten rückt sie in die Nähe der Marie aus Büchners *Woyzeck* (hierzu vgl. unten S. 34f.), ihr Wahnsinn läßt sie wie ein dem Idealismus entrissenes Gretchen erscheinen. Indessen fehlt ihr sowohl die soziale Motivation Büchners als auch die von Goethe dem Gretchen zugeschriebene Rolle der großen, reinen Liebenden. Sie ist Andorranerin insofern, als sie den Rollenzwang Andorras lebt, ohne jemals ihre Rolle aber bewußt aus eigener Kraft zu übernehmen. Ihre Existenz wird zerstört durch Geschehnisse, an denen sie aktiv wenig Anteil hat, abgesehen vielleicht von ihrem Versuch im 12.

Bild, die »Judenschau« zu verhindern, als es schon zu spät ist. Insgesamt wird die Vielschichtigkeit der Figur überlagert durch ihre primäre Funktion, Katalysator des jeweiligen männlichen Akteurs zu sein. Hierin liegt die Schwäche der Person der Barblin, zugleich aber auch ihre Zugehörigkeit zu der im Werk Frischs vorherrschenden Zeichnung weiblicher Figuren (vgl. M. Knapp).

Die Andorraner in ihrem kollektiven Verhalten repräsentieren Typen, nicht glaubwürdige Individuen. Dies entspricht der parabolischen Anlage des Stückes. Was immer ihnen als Aussagekraft eignet, läßt sich unschwer zurückführen auf ihre Rolle als Andorraner und ihr jeweiliges Selbstverständnis als Glied einer unbedarften, von kollektiver Kritiklosigkeit und unbegründetem Nationalstolz getragenen Gemeinschaft. Ihnen eignet ein undialektisches, geradezu chorisches Verhalten, das in seiner relativen Überzeichnung nicht ausgereicht hätte, eine dramatische Konfliktlage zu ermöglichen. Hierzu verwendet Frisch den innerfamiliären Konflikt um die Person des Lehrers und natürlich die interne Dialektik Andris. Wenn auch den Einzelfiguren eine deutliche Individualität abgeht, so sind sie doch – als Typen – stark psychologisch angelegt: »Soweit Max Frischs Stück *Andorra* den Mechanismus des Vorurteils am Beispiel des Antisemitismus behandelt, verwertet es die Erkenntnisse der Sozialpsychologie, um ein Faktorenmodell des Phänomens zu erstellen.« (Frühwald/Schmitz, S. 43)

Der individualpsychologische Befund tritt dabei beständig hinter den gruppendynamischen zurück: Vorurteil bzw. Rassendiskrimination sind natürlich beim Einzelnen angesiedelt, erreichen jedoch erst dann, wenn sie zur Triebfeder organisierter Gewalt werden, zerstörerische Ausmaße. Dieser Sachverhalt wird durch die Figur des Andri bestätigt. Bei aller Vielschichtigkeit gehört sie durch ihre Konzeption des »Jud«-Bildes und ihre Unfähigkeit, diesen Teufelskreis des Vorurteils zu zerbrechen, ganz in die Gruppendynamik der Andorraner. Andris Unfähigkeit, auch nur für einen Augenblick über die gedankliche Sperre dieses Vorurteils hinwegzudenken, macht sein Opfer im Rahmen der Spielstruktur notwendig. Daß er es *freiwillig* auf sich nimmt, beweist einmal mehr, daß eine klare Überwindung dieser Denkschablone im Stück weder angelegt noch beabsichtigt ist. Sehr fraglich bleibt, ob sein Opfer eine für die Andorraner emanzipatorische Wirkung hat. Insofern könnte man schließen, daß Andri als Zentralfigur den Pessimismus des Autors gegenüber dem aufklärerischen Potential der Parabel verkörpert.

3. »Andorra« – ein Beitrag zur »Bewältigungsliteratur«?

Wie bereits am Formalen der Frischschen Parabel aufgezeigt wurde, hat man es hier mit einer komplexen Mischung der verschiedensten Dramenelemente zu tun. Auch im Hinblick auf die Frage nach der Stellung des Stückes zu realen historischen Vorgängen ergibt sich ein ähnlicher Befund. Die mehrfache Verschlüsselung möglicher historischer Bezüge – in Form der Betonung der »modellhaften« Anlage, durch den Namen des Schauplatzes, der jedoch wiederum nicht den realen Staat Andorra meint, durch die jedem Realitätsbezug entkleideten Uniformen usw. – spricht gegen eine *direkte* Auflösung der Parabel vor dem Hintergrund der Judenverfolgung des Dritten Reichs. Auf der anderen Seite hat Frisch durch die Betonung des *Kleinstaates* Andorra Anlaß zur Spekulation gegeben, ob mit dem Stück auf die Rolle der neutralen Schweiz während des Zweiten Weltkrieges angespielt würde. Anders gesagt: ob das mögliche Verhalten der Schweizer bei einer Besetzung durch deutsche Truppen mit dem Einfall der »Schwarzen« nach Andorra gemeint sei.

Hier hat man an den Intentionen wie an der Anlage des Stückes vorbeiargumentiert. Denn einmal sind die »Schwarzen« in *Andorra* ja nur ausführendes Organ einmal beschlossener Verfolgung; dann steht doch im Zentrum des Stückes die Frage nach den *Ursachen* von Vorurteil und Judenhaß. Gerade die Tatsache, daß den Gegenstand des Stückes aber nicht nur der Haß gegen irgendeine Minderheit bildet – wie etwa in Arthur Adamovs *Alle gegen Alle* (1953) –, sondern konkret die Verfolgung eines »Juden«, verweist *Andorra* notwendig in den Umkreis der Bewältigungsliteratur, die sich mit dem Antisemitismus des deutschen Nationalsozialismus auseinandersetzt. Bemerkenswert einmal, daß von den Stücken, die die Epoche des Dritten Reiches behandeln, nur wenige auf die Greuel der Judenverfolgung direkt eingehen. Genannt sei als Beispiel Hochhuths *Der Stellvertreter*, satirisch-beschwichtigend auch Fritz Hochwälders Komödie *Der Himbeerpflükker*. In der Tat wird man Theodor W. Adorno beistimmen müssen, der erklärt hat, das Grauen des Völkermordes entziehe sich in der überwältigenden Totalität seines Schreckens jeder Beschreibung oder Darstellung. So argumentiert auch Hans Weigel:

»[. . .] der Faschismus wird von Max Frisch auf die Judenverfolgung reduziert. Eine ganze schwarze Armee besetzt Andorra, sie marschiert lediglich auf, um den einen anderen zu liquidieren, dann zieht sie weiter, und ›Wer kein Jud ist, ist frei!‹ So einfach darf man sich's nicht machen! – [. . .] Die ›Schwarzen‹ sind heute nicht mehr in Andorra. Wie sind sie vertrieben worden? Wir wissen, daß dies mit den wirklichen Schwarzen und Braunen gar kein Kinderspiel war. Aber alle Andorraner leben bei Frisch nachher noch völlig unverändert, und das erweckt den Eindruck, als hätte sich der Faschismus nach der ›totalen Endlösung‹ befriedigt in Nichts aufgelöst. Hier wird – in bester subjektiver Absicht – die Türe zur Geschichtsfälschung weit aufgestoßen.« (Illustrierte Kronenzeitung [Wien] vom 31. 3. 1962; wiederabgedruckt in: Wendt/Schmitz, S. 225-229.)

Auch Frisch hat diese grundsätzliche Unmöglichkeit erkannt, Vorgänge auf der Bühne Gestalt werden zu lassen, die bereits in der Realität das individuelle Fassungsvermögen übersteigen. Nur so wird man seine Beschränkung auf das »Modell« recht verstehen, die Reduktion des Unvorstellbaren auf individual- bzw. gruppenpsychologische Muster. Der formalen Vielschichtigkeit des Stückes überlagert sich so die Scheu des Autors vor seinem Stoff, das Schwanken zwischen historischen Bezugsmöglichkeiten und bewußter Ver-Fremdung, das auch in der gelungensten Inszenierung nicht zu überspielen ist. Man kann allerdings gerade in seiner Vieldeutigkeit eine Stärke des Stückes sehen:

»Die raffinierte Verschränkung der Perspektiven läßt die realhistorische Wirklichkeit hinter sich, nicht um sie zu vergessen, sondern damit trotz der vielen Nebensachen, die entschuldigen und ablenken, das beständige Muster hervortrete. Denn Bewältigung der Vergangenheit ist ausschließlich Sache des Volkes, dem diese Vergangenheit gehört, und nicht stellvertretend vom Theater zu leisten; das Kunstwerk kann nur auf der verweigerten Erinnerung bestehen.« (Wendt/Schmitz, S. 157)

So würde der Entschluß des Autors, der Unmöglichkeit einer Darstellung der Unmenschlichkeit des Nationalsozialismus von vornherein aus dem Wege zu gehen und durch die Psychologisierung seines Stoffes den allgemeinen Verweischarakter von *Andorra* zu betonen, das Stück letztlich im Niemandsland ansiedeln zwischen historisch-konkreter Aufarbeitung der deutschen Vergangenheit und wirklich »offenem«, schwebend-allgemeinmenschlichem Modell. Diese Zwiespältigkeit hat die Rezeptionsgeschichte weitgehend geprägt. Bedenkt man schließlich den Hintergrund der Entstehungszeit, der ja anderthalb Jahrzehnte vom Kriegsende entfernt ist und in das beginnende Wirtschaftswunder hineinverweist, so wird vollends deutlich, daß Frisch an die Stelle der »Bewältigung« einer bis dahin bestenfalls in Ansätzen wirklich überwundenen Vergangenheit die *Mahnung* setzt vor ihrer beliebigen Wiederholbarkeit.

4. Schuld und Tragik

Die für jede Deutung des Stückes entscheidende Fragestellung muß sich notwendig auf die Klärung der Schuldverhältnisse richten. Im Rahmen von Frischs »Modell« stehen einander mehrere schuldhafte Verstrickungen gegenüber:

1. Alles überlagernd die Kollektivschuld der Andorraner, die gruppenpsychologisch durchleuchtet wird;
2. An zweiter Stelle die Schuld von Senora und Lehrer, das außereheliche Kind Andri nicht anerkannt zu haben;
3. An entscheidenden Schnittpunkten des Spielverlaufs individuell schuldhaftes Verhalten (Tischler, Pastor, Lehrer, Soldat etc.), das zu einer Zuspitzung des Konflikts beiträgt.

All diese Verschuldungen treten im Verlauf des Spiels zusammen zu der für das Opfer fatalen Konsequenz. Befragt man die einzelnen Schuldverhältnisse indessen auf ihre Ursprünge, so werden sie – individuell betrachtet – samt und sonders vermittels psychologischer Erklärung verstehbar, wenn nicht gar »entschuldbar«. Dem Verhalten der Andorraner liegt im ganzen Unaufgeklärtsein zugrunde, im Einzelfall nur Brutalität oder Selbstgerechtigkeit. Das Verhalten von Andris Eltern resultiert aus der Macht der Konvention bzw. sozialer Zwänge. Die tragische Entwicklung, die zu Rassenhaß und schließlich Mord führt, resultiert folglich aus der Koinzidenz alltäglicher und gesellschaftlich nicht weiter reflektierter Phänomene.

Andris eigenes Verhalten trägt zu der für ihn tödlichen Entwicklung entscheidend bei. So weigert er sich mehrfach, glaubwürdige Erklärungen seiner Herkunft zu akzeptieren, so klammert er sich an die Liebe zu Barblin, die ja seine Schwester ist. Und, wichtiger noch, so ist er anfangs nicht nur blind gegenüber dem Rassismus seiner Mitbürger, er hat diesem auch keine vernünftigen Gegenargumente entgegenzusetzen. In seiner Verbohrtheit in den eigenen Irrtum und seiner Unfähigkeit, die Realitäten zu erkennen, gemahnt Andri an den tragischen Helden des klassizistischen Dramas.

Verläuft also sein Schicksal »tragisch« im umgangssprachlichen Sinne, so scheint es, als hätte die Macht des Zufalls – die Friedrich Dürrenmatt zum Sachverwalter seines komödiantischen Spielverlaufs erhob – hier die traditionellen Mächte der Tragödie verdrängt. Es ist nicht mehr die Rede von einer kosmischen, metaphysischen Weltordnung, vom Götter- oder Schicksalswillen, dem der Einzelne weichen muß. Der Zufall *allein* jedoch, dem gruppenpsychologisch erklärtes Verhalten Vorschub leistet, kann einem heutigen Publikum nicht Genüge tun als eine Erklärung für Rassenhaß und antisemitischen Völkermord. Denn hinter dem »Modell« Andorra schimmert ja notwendig für ein heutiges deutschsprachiges Publikum die jüngste Geschichte des Faschismus durch. Dadurch, daß *Andorra* in der Erklärung für das individuelle Scheitern Andris auf Fragmente der traditionellen Tragödie zurückgreift, daß es das kollektive Versagen seiner Mitbürger allein psychologisch begreift, entzieht das Stück die eigentliche, ihm zugrunde liegende Frage nach geschichtlicher Schuld dem Zugriff seines Rezipienten. Derart kann die Schuld der Andorraner über den Spielkontext hinaus keine lehrhafte Bedeutung gewinnen. Und das Schicksal Andris bleibt, auch wenn es vage an das Schicksal von Millionen realer Juden gemahnt, bedauerlicher Einzelfall. Der Spielverlauf könnte, indem er das Problem historischer Verantwortung verschweigt, den Zuschauer von der Verpflichtung einer tiefergreifenden Auseinandersetzung mit der eigenen Geschichte lossprechen.

5. Die Angst vor dem Kollektiv

Indem Frisch einer Auseinandersetzung mit den historischen und gesellschaftlichen Bedingungen von Nationalismus bzw. Faschismus und Antisemitismus ausweicht, verengt er die Problematik des Stückes letzten Endes auf die von ihm häufig bearbeitete »Bildnis«-Thematik. Das heißt in der Begrifflichkeit des Autors: sobald man sich vom anderen eine festgefügte Vorstellung, ein Bildnis im Sinne des zweiten der Zehn Gebote macht, verfällt man der »Lieblosigkeit«, übt man Verrat am anderen:

»Wir wissen, daß jeder Mensch, wenn man ihn liebt, sich wie verwandelt fühlt, wie entfaltet, und daß auch dem Liebenden sich alles entfaltet, das Nächste, das lange Bekannte. Vieles sieht er wie zum ersten Male. Die Liebe befreit es aus jeglichem Bildnis. [...] Du sollst dir kein Bildnis machen, heißt es, von Gott. Es dürfte auch in diesem Sinne gelten: Gott als das Lebendige in jedem Menschen, das, was nicht erfaßbar ist. Es ist eine Versündigung, die wir, so wie sie an uns begangen wird, fast ohne Unterlaß wieder begehen – Ausgenommen wenn wir lieben.« (*Tagebuch 1946-1949*, GW II, S. 369, S. 374)

Macht sich nun ein Kollektiv ein solches Bildnis, so muß hieraus Rassenhaß, Isolierung des anderen und, im Extremfall, der Mord am anderen folgen. Ein einfacher Sachverhalt, wenn auch in seiner Deutung des Phänomens des Antisemitismus sicherlich kaum ausreichend. Die Gründe liegen auf der Hand. Einmal, und das weiß Max Frisch, ist ein Zusammenleben unter Menschen nicht möglich, ohne daß vorgeformte Leitbilder und Konzeptionen auftreten. Das gilt für den engsten Bereich der Familie ebenso wie für jedes Kollektiv: Gesellschaft, Staat, Nation usw. Andererseits vermag diese psychologische Erklärung, wenn sie für sich steht, über gesellschaftliche Phänomene wie nationales Selbstverständnis, den Zwang der Massenmedien bzw. der »öffentlichen Meinung« (um nicht vom »gesunden Volksempfinden« zu sprechen!) oder auch die faschistische Ausrichtung von Gesellschaftssystemen nur wenig auszusagen. Sie ist im Grunde getragen von der Furcht vor dem Zusammenleben mit anderen, den unvermeidlichen Zwängen, die eine jegliche Sozialkonstellation mit sich bringt.

Betrachtet man Frischs Gesamtwerk, so wird schnell offenkundig, daß diese Furcht eines der wesentlichen Themen dieses Werks ausmacht: man denke an die Romane *Stiller* und *Mein Name sei Gantenbein*, die zu Welterfolgen wurden. Wo aber in den anderen Werken vor allem die Institution der Ehe zum Repräsentanten der Bildnis-Problematik wird, da greift Frisch in seinen gesellschaftsbezogenen Texten mit der gleichen Argumentation auf den größeren Kontext über. Dabei gelingt ihm in der ansatzweisen Zeichnung einer Gesellschaft, wie *Andorra* sie darstellt, kein überzeugendes Bild der Komplexität einer modernen Gesellschaftsordnung. So stellt Marianne Biedermann fest:

»Während also bestimmte Aspekte heutiger Gesellschaften den Staat Andorra erkennbar charakterisieren, fehlen andere spezifische Kennzeichen. Die Machtlosigkeit des Einzelnen gegenüber Sachautoritäten und Institutionen sowie seine Entfremdung gegenüber den Produktionsprozessen wie den Mitmenschen werden in dem Modell nicht sichtbar. Statt dessen weist es insoweit eher Verwandtschaft mit Staaten des 19. Jahrhunderts auf, so in den dargestellten Berufen, die offenbar eine noch kaum spezialisierte Tätigkeit erlauben und eine unabhängige, wirtschaftlich gesicherte Position garantieren. Desgleichen auch in der Nachrichtenübermittlung, die mündlich unter einander Bekannten erfolgt, sowie in den Kontaktmöglichkeiten. Das Modell Frischs läßt sich daher weder historisch noch geographisch genau einordnen. Dies dürfte zunächst den Intentionen des Autors entsprechen [...] Dennoch drängt sich hier die Frage auf, ob innerhalb eines solchen Rahmens auch die Ursachen von Vorurteilen und Diskriminierungen, nicht nur ihre Folgen demonstriert werden können.« (Biedermann, S. 51)

Die nur holzschnitthaft erfaßte Agrargesellschaft (um eine solche muß es sich wohl handeln, im Gegensatz zur heutigen Industriegesellschaft) des »Modells« bleibt zu blaß, um die Austragung eines derart weitreichenden Konflikts glaubhaft zu machen. Im ganzen vermag sie dem Zuschauer nur den Eindruck zu vermitteln, daß die Anonymität jedweder Masse allzu leicht zur Brutstätte von Vorurteil und Gewalt werden kann. –

Hier bietet sich ein Vergleich mit dem einige Jahre früher erschienenen Stück *Der Besuch der alten Dame* (1956) von Friedrich Dürrenmatt an. Wichtig zu wissen ist, daß während der fünfziger Jahre Frisch und Dürrenmatt nicht nur korrespondierten, sondern sich auch gegenseitig in der jeweiligen literarischen Produktion beeinflußten. Dürrenmatts *Besuch* begründet den internationalen Ruhm seines Autors. Das Stück weist mit *Andorra* eine Vielzahl von Gemeinsamkeiten auf: auch hier ist der Spielort ein armseliges, heruntergekommenes Kleinstädtchen, seine Bewohner erscheinen als Typen, ständig bedroht von der wirtschaftlichen Misere der Gemeinde. Als auslösendes Moment für den von Dürrenmatt in der für ihn typischen Tragikomödie durchgeführten Konflikt dient die Rückkehr der Milliardärin Claire Zachanassian in ihren Heimatort Güllen, aus dem sie einst als gefallenes Mädchen geflohen war. Ihr ehemaliger Verführer, der nun schäbige, ältliche Krämer Alfred Ill soll – so ihr Vorschlag an die Gemeinde – für das ihr ehemals angetane Unrecht jetzt mit dem Leben büßen. Als Kopfgeld setzt sie »eine Milliarde« aus. Dürrenmatt schildert die sukzessive Korruption des Städtchens, das sich, nach anfänglichem entrüstetem Widerstand, inzwischen hoffnungslos verschuldet, zusammentut und Ill umbringt. Hierzu gegenläufig wächst der armselige Krämer in die Rolle des »mutigen Menschen«, der freiwillig eine Schuld auf sich nimmt, die ihm moralisch nicht eignet, und gelassen in den Tod geht. Der »Judenschau« bei Frisch entspricht hier eine Gemeindeversammlung, die sich im Vorhinein bereits auf Lynchjustiz geeinigt hat; auch Ill wird von einer Gruppe von Bürgern umringt, seine Tötung gleichsam vom Kollektiv vollbracht. Kein Einzelner ist verantwortlich, sondern die Gruppe insgesamt. Auch der Mord an Ill steht am Ende des Stückes und bildet, entsprechend zu *Andorra*, den theatralischen Höhepunkt. *Andorra* enthält nicht nur eine Reihe von Motiventsprechungen, teilweise finden sich wörtliche Zitate aus Dürrenmatts Stück. So lautet Andris Einsicht in die Unausweichlichkeit seines Schicksals: »Ich bin verloren« (S. 534), und Ill ruft an ähnlicher Stelle aus: »Ich bin verloren.«

Darüber hinaus hat ein Vergleich zu berücksichtigen, daß beide Stücke sich mit dem Phänomen der Kollektivschuld befassen. Dürrenmatt beschreitet dabei jedoch einen grundsätzlich anderen Weg, da er sein Stück – das ja vor dem Hintergrund des beginnenden westeuropäischen Wirtschaftswunders zu sehen ist – bei aller grotesken Verfremdung als reale Gesellschaftskritik angelegt hat. Zugleich bietet er eine glaubhafte Alternative, die dialektisch aus der Spielstruktur hervorgeht: hier die Misere einer Gesellschaft, die sich für die Scheinrettung in Form wirtschaftlicher Sanierung verkauft – dort die Möglichkeit Ills, im eigenen Bewußtsein eine verbindliche Ordnung herzustellen, die auch die physische Vernichtung überdauern kann. Auch wenn Dürrenmatts *Besuch* keineswegs einer bestimmten Ideologie das Wort redet, so ist seine Wirkungsstrategie durchaus die des Lehrstücks, das seinem Rezipienten eine Übertragung dieser Lehre auf den eigenen konkreten zeitgeschichtlichen Hintergrund ermöglicht.

6. Ist Andri ein moderner Woyzeck?

In seiner hervorragenden Studie zu *Andorra* und Büchners *Woyzeck* weist Armin Arnold eine Vielzahl von Gemeinsamkeiten beider Texte nach. Es gelingt ihm außerdem, Licht auf den werkgeschichtlichen Zusammenhang zu werfen und den Nachweis zu erbringen, daß die Verleihung des Georg-Büchner-Preises an Max Frisch (1958), die zusammenfällt mit dem Beginn der Dramatisierung des Stoffes vom »Andorranischen Juden«, für den Autor Anlaß zur intensiven Büchner-Lektüre wird. Diese wiederum ist unmittelbar in die verschiedenen Fassungen von *Andorra* (hierzu vgl. Arnold in Knapp 2; vgl. auch Hegele) eingeflossen. Gewisse Parallelitäten zwischen Andri und Woyzeck, Barblin und Marie, Peider und Büchners Tambourmajor, den beiden Doktoren usw. sind der Kritik vielfach ins Auge gefallen. Auch im Sprachlichen lehnt sich Frisch stellenweise eng an Büchner an.

Bei oberflächlicher Betrachtung ist die Grundhandlung beider Texte ähnlich. In Büchners *Woyzeck*-Fragmenten (hier ist einige Vorsicht geboten, da ja keine endgültige Fassung erhalten ist) wird die Zerstörung der Hauptfigur durch eine Reihe von Ereignissen geschildert, die außerhalb der Einflußnahme Woyzecks liegen. Seine Liebe zu Marie fällt dem Eindringen des sozial höher stehenden Tambourmajors in die Beziehung zum Opfer, er selbst wird, ähnlich wie Andri, vom Nebenbuhler gedemütigt und sieht sich hilflos seiner Eifersucht ausgeliefert. Auch Woyzeck leidet an seiner Arbeitsumgebung bzw. an den Quälereien seines Hauptmannes und eines skurril-gewissenlosen »Doktors«, dem er sich als Versuchskaninchen zur Verfügung gestellt hat. Auch er erfährt eine innere Dialektik, die ihn dann zum Mord an Marie und zur völligen Preisgabe der eigenen Existenz treibt. Das Ende ist, bedingt durch die fragmentarische Textlage, offen geblieben, man geht jedoch kaum fehl in der Annahme, daß Büchner seinen Woyzeck – möglicherweise nach einem den historischen Vorlagen entlehnten Gerichtsverfahren – hätte in völliger Vereinsamung weiterleben lassen.

Hier enden allerdings die Gemeinsamkeiten. Frisch legt *Andorra* die Problematik antisemitischen Vorurteils zu Grunde, genauer gesagt: seine Erklärung dieses historisch-gesellschaftlichen Phänomens durch die psychologische Frage nach der »Bildnis«-Thematik. Ihr zu- und übergeordnet ist der innere Konflikt Andris bzw. die Liebesbeziehung zu Barblin. Bei Büchner entfaltet sich der dramatische Vollzug an drei Bedeutungsschichten: am Skelett einer gerade genügend ausgeführten Eifersuchtshandlung; an der psychischen Struktur Woyzecks, seiner zunehmenden Verwirrung, die in regelrechte Psychose umschlägt und am ökonomischen Hintergrund des Geschehens. Eine genaue Betrachtung der Fragmente ergibt den Befund, daß diese dritte Bedeutungsschicht die für den Spielverlauf letztlich entscheidende ist. Woyzeck gehört zu den Ärmsten der Armen. Seine Mittellosigkeit treibt ihn zu selbstaufopfernder Tätigkeit, um den Unterhalt seiner Familie zu gewährleisten. Seine wirtschaftliche Not ist der Grund seiner Verzweiflung. Durch sie gerät er in Abhängigkeit und Demütigung:

»Wir arme Leut. Sehn Sie, Herr Hauptmann, Geld, Geld. Wer kein Geld hat. Da setz einmal einer seinsgleichen auf die Moral in die Welt. Man hat auch sein Fleisch und Blut. Unseins ist doch einmal unselig in der und der andern Welt, ich glaub wenn wir in Himmel kämen, so müßten wir donnern helfen.« (Georg Büchner: Gesammelte Werke, hg. v. Gerhard P. Knapp. München [8]1991 = Goldmann Klassiker 7510, S. 167 f.)

Jeder Fragenkomplex, der sich seinem bohrenden Suchen erschließt, führt ihn notwendig zurück zur Einsicht in die eigene ökonomische Notsituation:

»Ja Herr Hauptmann, die Tugend! ich hab's noch nicht so aus. Sehn Sie, wir gemeine Leut, das hat keine Tugend, es kommt einem nur so die Natur, aber wenn ich Herr wär und hätt ein Hut und eine Uhr und eine Anglaise und könnt vornehm reden, ich wollt schon tugendhaft sein. Es muß was Schöns sein um die Tugend, Herr Hauptmann. Aber ich bin ein armer Kerl.« (ebd., S. 168)

Auch der Verlust Maries erklärt sich letztlich durch die gesellschaftliche Stellung Woyzecks, durch seine Unfähigkeit, für seine Familie zu sorgen wie durch das höhere Sozialprestige, das Marie zum Tambourmajor hinzieht. Derart erweist sich die Eifersuchtshandlung, die schließlich im Mord Woyzecks an seiner Geliebten gipfelt, nur als Folge der von Anfang an fatalen Situation. Und diese wiederum wird von Büchner ausdrücklich am gesellschaftlichen Gefüge, konkreter: der ungerechten Verteilung von Wohlstand, Ansehen und Macht verankert. Die Tragik Woyzecks liegt aber darin, daß er gegen die einmal gegebene Konstellation – die er nur ansatzweise zu durchschauen vermag – trotz all seiner Anstrengungen machtlos bleibt. Er muß, da er nun einmal in sein Elend hineingeboren ist, daran zugrunde gehen. Die Lehre der Fragmente liegt damit auf der Hand: sie ist konkret in die gesellschaftlichen und ökonomischen Bedingungen von Büchners Zeit gebunden. Hierin liegt der eindeutige Unterschied zu *Andorra*, dessen »Modell« sich bewußt ablöst vom realen Hintergrund tatsächlicher oder möglicher Judenverfolgung und eine gesellschaftliche Problematik auf seine privaten Wurzeln zurückführt.

7. »Andorra« und »Die Ermittlung« von Peter Weiss

Frischs »Modell« steht in deutlichem Kontrast zu den Intentionen und Möglichkeiten der dokumentarischen Bühne. Das vier Jahre später uraufgeführte (19.10.1965 an 16 verschiedenen Bühnen) *Oratorium in elf Gesängen Die Ermittlung* von Peter Weiss – Musik von Luigi Nono – vermittelt eine szenisch-oratorische Dokumentation des Frankfurter Auschwitz-Prozesses von 1963/64. Weiss vermerkt über sein Stück: »Ich will den Kapitalismus brandmarken, der sich sogar für Geschäfte mit Gaskammern hergibt.« Wie es dem Dokumentarstück der Zeit eignet, wird einmal durch die Auswahl des bearbeiteten Materials, dann durch seine Anordnung eine aufklärerische, hier vielleicht agitatorische Stoßrichtung angestrebt. Weiss verwendet, im Gegensatz zu Frischs Bild-Folge, das Gestaltungsprinzip der »Collage«. Auch er gebraucht Zeugenberichte, die er nun allerdings unmittelbar dokumentarisch dem Prozeßverlauf entlehnt. Die Angeklagten des Prozesses erscheinen namentlich, d.h. als historische Personen, erlangen jedoch im Verlauf des Stückes Symbolfunktion für die Gruppe der Peiniger. Anders als Frisch, der den Schauplatz seines Stückes bewußt der Gegenwart und der jüngsten Vergangenheit entrückt, läßt Weiss auf der Folie der Gegenwart des Frankfurter Prozesses die Vergangenheit der nationalsozialistischen Greueltaten zwar distanziert aber – eben durch ihr Hineinwirken in die Jetztzeit – unmittelbar wirksam werden.

In den verschiedenen »Gesängen«, die dramaturgisch natürlich stark an die epische Bühne gemahnen, werden die Schauplätze (»Gesang von der Rampe« – »Gesang vom Lager« – »Gesang von der Schaukel«), dann die Positionen der Verfolgten (»Gesang von der Möglichkeit des Überlebens« – »Gesang vom Ende der Lili Tofler«) und der Verfolger (»Gesang vom Unterscharführer Stark«) gegeneinander abgehoben. Bei aller Distanzierung ersteht ein realistisches und erschütterndes Bild von der braunen Vernichtungsmaschinerie (vgl. »Gesang von der Schwarzen Wand«; »Gesang vom Phenol«; »Gesang vom Bunkerblock«; »Gesang vom Zyklon B« und »Gesang von den Feueröfen«).

Auch bei Weiss rechtfertigen sich die Angeklagten, hier durch die gegebene Befehlssituation bzw. aufgrund ihrer Gedächtnislücken. Zeugen repräsentieren die seinerzeit profitierenden Industriezweige, deren Interessensphären natürlich in die Gegenwart hineinreichen.

Wie Frischs *Andorra* geht es auch Weiss' *Ermittlung* zuvorderst um Darstellung und Mahnung, den Appell an das Bewußtsein der Zuschauer. Im Gegensatz zum Modellstück ist die Wirkungsstrategie des Oratoriums dabei nicht auf die Vermittlung einer psychologischen Lösung angelegt. Bei aller theatralischen Wirkung möchte es durch die *sachliche* Demonstration von Ursache und Wirkung, durch die Analogie, die es aufweist zwischen menschlichem Fehlverhalten und einer Gesellschaftsordnung, die dieses nicht nur ermöglicht, sondern letzten Endes fördert, einen Beitrag zur Veränderung dieser Gesellschaft leisten. Dem gleichsam resignativen Befund der Frischschen Bildnis-Problematik stellt Weiss mit seiner »Besichtigung der Hölle« über das emotionale Betroffensein, die Verpflichtung, dieses Grauen nicht zu vergessen, den Aufruf zum eigenen Urteil, der politischen Tat seines Rezipienten gegenüber. – Vor dem Hintergrund der Politisierung der westdeutschen Öffentlichkeit, wie sie sich um die Mitte der sechziger Jahre abzeichnet, hat die *Ermittlung* außerordentliche Wirkung und Resonanz gefunden.

8. »Andorra« als gesellschaftliche Provokation

Anläßlich der Verleihung des Friedenspreises des Deutschen Buchhandels am 19. September 1976 setzte sich Max Frisch in einer bedeutenden Ansprache mit dem Feindbild in der modernen Gesellschaft auseinander:

»Wie ließe sich Herrschaft erhalten ohne das Feindbild, das die Existenz-Angst des Einzelnen in einer Gesellschaft mit rechtsstaatlich geschützter Ausbeutung ummünzt in die gemeinschaftliche Angst vor der Sowjetunion? Also Feindbilder, die innenpolitisch benötigt werden.« [. . .]

»Die Sorge, eine Politik der Entspannung (einer neuen Erfahrung miteinander) führe nicht zum Frieden, sondern lediglich zur Schwächung der eignen Machtposition, ergibt sich aus der Logik der Machtpolitik: sie sucht Machtexpansionen zwar ohne Krieg, aber durch Drohung mit dem Krieg. Dafür braucht sie vor allem ein Feindbild andrer Art: das Feindbild, das nicht auf Erinnerung beruht, sondern auf Antizipation.« (Max Frisch: *Wir hoffen.* In: Knapp 1, S. 21)

Friede sei nur möglich in Freiheit, im Rahmen menschlichen Zusammenlebens ohne Feindbilder:

»Eine friedensfähige Gesellschaft wäre eine Gesellschaft, die ohne Feindbilder auskommt. [. . .] wenn wir (einfach gesprochen) glücklich sind oder zumindest lebendig – zum Beispiel durch eine Art von Arbeit, die nicht nur Lohn einbringt, sondern Befriedigung [. . .] und durch eine Art des Zusammenlebens von Menschen, das Selbstverwirklichung zuläßt. Was meint Freiheit, ein so mißbrauchbares Wort, im Grunde anderes? [. . .] Selbstverwirklichung; sagen wir: wenn es möglich ist, kreativ zu leben. Wie viele Menschen haben in den vorhandenen Gesellschaften aber die Möglichkeit, kreativ zu leben? Das ist durch Wohlstand allein noch nicht gegeben... Ob der Überlebenswille der Gattung ausreichen wird zum Umbau unserer Gesellschaften in eine friedensfähige, weiß ich nicht. Wir hoffen. Es ist dringlich.« (ebd., S. 23)

Erst in einer solchen Gesellschaft wäre es dem Kollektiv möglich, das Anderssein Einzelner konstruktiv aufzunehmen, dem Einzelnen bliebe die schändliche Alternative der Anpassung oder des Ausgestoßenwerdens erspart. Nur ein in seinen Grundlagen zutiefst repressives Kollektiv – und das bedeutet: eine ihrer Wertordnung außerordentlich unsichere Gruppierung – wird das eine wie das andere verlangen. Andri vereint, psychologisch gesprochen, Abwehrhaltung mit Anpassungsmechanismus:

»Die Abwehrgewohnheiten des Ichs sind verhältnismäßig durchschaubar, solange die einzelnen Methoden isoliert gebraucht werden und nur im Kampf mit einer speziellen Gefahr Verwendung finden. Wo wir Leugnungen antreffen, handelt es sich um äußere Gefahr; wo Verdrängungen im Gang sind, kämpft das Ich mit Triebreizen. Die große äußere Ähnlichkeit zwischen Hemmung und Ich-Einschränkung macht die Zuordnung zum äußeren oder inneren Kampf schon weniger gesichert. Aber die Verhältnisse werden noch verwirrtere, wo Abwehrvorgänge sich kombinieren oder wo dasselbe Mittel das eine Mal nach innen, das andere Mal nach außen hin gebraucht wird. Beides gilt zum Beispiel in vollem Maße für die Identifizierung. Durch ihre Verwendung zum Aufbau des Über-Ichs dient sie der Bewältigung des Trieblebens. Zu anderen Zeiten aber bedeutet sie [. . .] im Verein mit anderen Methoden eines der wichtigsten Mittel im Umgang mit den angsterregenden Objekten der Außenwelt.« (Anna Freud: *Das Ich und die Abwehrmechanismen.* München 1964, S. 85.)

Zu einer Lösung des Konflikts kann derart Andris Verhalten nicht beitragen; es bewirkt lediglich den eigenen Untergang. Die Mahnung, die *Andorra* an seinen Leser/Zuschauer ausspricht, müßte, wenn sie als gesellschaftliche Provokation wirksam werden will, über die Erinnerung an vergangenen Schrecken hinausgreifen. Sie müßte als Aufruf verstanden werden zu einer Erziehung zur Mündigkeit: des Einzelnen wie der gegebenen Gesellschaftsordnung. Zur Erforschung der

Ursachen von Feindbildern, so wie sie im zwischenmenschlichen Zusammenleben begründet sind, und zu ihrer *Überwindung*. In einer Rede vor dem Koordinierungsrat für Christlich-Jüdische Zusammenarbeit im Herbst 1959 hat sich der Philosoph und Soziologe Theodor W. Adorno mit der Frage »Was bedeutet: Aufarbeitung der Vergangenheit« auseinandergesetzt. Seine Antwort, die über den akuten Anlaß der unmittelbaren deutschen Vergangenheit – ähnlich wie *Andorra* als Bühnenmodell – hinausstrebt, sei an dieser Stelle im Auszug zitiert:

»Vor allem muß Aufklärung über das Geschehene einem Vergessen entgegenarbeiten, das nur allzu leicht mit der Rechtfertigung des Vergessenen sich zusammenfindet; etwa durch Eltern, die von ihren Kindern die peinliche Frage nach dem Hitler hören müssen, und die daraufhin, schon um sich selbst weißzuwaschen, von den guten Seiten reden und davon, daß es eigentlich gar nicht so schlimm gewesen sei. In Deutschland ist es Mode, auf den politischen Unterricht zu schimpfen, und sicherlich könnte er besser sein, aber der Bildungssoziologie liegen jetzt schon Daten vor, die darauf hinweisen, daß der politische Unterricht, wo er überhaupt mit Ernst und nicht als lästige Pflicht betrieben wird, mehr Gutes stiftet, als man ihm gemeinhin zutraut.« (Adorno, S. 141)

»Mir selbst will es eher scheinen, das Bewußte könnte niemals so viel Verhängnis mit sich führen wie das Unbewußte, das Halb- und Vorbewußte.« (ebd., S. 142)

»Aufarbeitung der Vergangenheit als Aufklärung ist wesentlich solche Wendung aufs Subjekt, Verstärkung von dessen Selbstbewußtsein und damit auch von dessen Selbst.« (ebd., S. 144)

»Aufgearbeitet wäre die Vergangenheit erst dann, wenn die Ursachen des Vergangenen beseitigt wären. Nur weil die Ursachen fortbestehen, ward sein Bann bis heute nicht gebrochen.« (ebd., S. 146)

Max Frisch hat selber später zu der Frage nach der politischen Funktion von Literatur wiederum ausführlich Stellung bezogen. Der folgende Bericht gibt die wesentlichen Punkte seiner Stellungnahme wieder:

»*Max Frisch und die Friedensbewegung*

Unter dem Titel ›Die Poesie wühlt um‹ veröffentlichte die bundesdeutsche Zeitschrift ›Konkret‹ in ihrer April-Nummer ein Gespräch mit Max Frisch zum Thema Literatur und Friedensbewegung. Differenziert nimmt Frisch darin gegen die These Stellung, wonach er sich seit seinem Umzug nach New York nicht mehr in die Tagespolitik eingemischt habe. Im folgenden seien hier in Auszügen einige Überlegungen des Schriftstellers zu seinem politischen Engagement wiedergegeben:

Der Eindruck (der Abstinenz in tagespolitischen Fragen) entsteht, weil ich seit drei, vier Jahren in Amerika lebe, genauer in New York, und das nicht nur, weil New York schön und interessant ist. Dort werden die Entscheidungen gemacht, die wir als Europäer dann ausbaden müssen: Ist Europa nur noch ein Schlachtfeld oder nicht. Ich war dort auch bei diesem großen Friedensmarsch im Central Park, habe gewissen Kontakt mit dem Anti-Nuclear Movement; ich bin dort jetzt mehr engagiert als bei uns. Ich unterstütze voll und ganz die Friedensbewegung, was aber nicht heißt, daß ich für ein sofortiges, totales Waffenstrecken bin, aber für einen Abbau dieser Waffen. Dazu gehört auch die Friedensforschung, die Untersuchung der möglichen Gründe für einen Krieg. (. . .) Mehr und mehr bin ich dazu gekommen, das politische Engagement in der Literatur und das politische Engagement als Staatsbürger zu trennen. Ich glaube auch weniger an die Wirkung einer direkt politischen Äußerung in der Literatur, sondern die politische Wirkung ist die: daß es Literatur gibt, die nicht einen Parteizweck erfüllt, aber eine Irritation ist. Es kann also sein, um ein Beispiel aus der jüngeren Zeit zu nennen, daß ich ein Buch schreibe, wie ›Der Mensch erscheint im Holozän‹, wo man nur schwer eine politische Position findet. Aber zur gleichen Zeit, als Staatsbürger, habe ich Reden gehalten vor den Gewerkschaften, vor dem Parteitag der SPD. Das politische Engagement muß also nicht in jedem Gedicht sein. Aber natürlich steht die literarische Produktion unweigerlich vor dem Hintergrund eines politischen Bewußtseins. (...) Sicher habe ich einmal gesagt, daß ich die Aufgabe des Schriftstellers (ich kann das allerdings nicht für die anderen sagen) darin sehe, Fragen zu stellen, auf die ich keine Antwort weiß. Später bin ich dazu gekommen, daß die Poesie, die Kunst, die Aufgabe hat, zu irritieren. In jedem System ist sie subversiv, im positiven Sinn: Sie wühlt um, und damit trägt sie zu einer Veränderung bei. Aber sie gibt nicht das Programm. Jede Literatur, die diesen Namen verdient, konfrontiert oder unterwühlt die Herrschaftssprache. Kein Schriftsteller könnte je so schreiben, wie Helmut Kohl spricht; deshalb desavouiert er diese Sprache, diesen Zuckerguß. (...) Vor hundert Jahren war doch noch jeder Schriftsteller davon überzeugt, daß seine Werke auch in zweihundert Jahren noch gelesen würden. Sogar Brecht spricht noch an die Nachgeborenen. Heute müsse einer schon ein ziemlicher Idylliker sein, wenn er sagt: Was ich hier jetzt schreibe, werdet ihr nicht verstehen, aber in achtzig Jahren wird man das verstehen. Wird noch gelesen, auch wenn der große Holocaust nicht kommt? Wird nicht vielleicht der Buchstabe überhaupt abgeschafft? Wir sind heute viel mehr auf das Jetzt ausgerichtet. Wir schreiben für die Zeitgenossen. Das ist natürlich eine Einengung, es fehlt an einer Transzendenz. (...) Ich selbst lese schon fast mehr Sachbücher als Literatur. Denn eigentlich müßten wir 48 Stunden am Tag in der Schule sitzen, um die technischen Entwicklungen begreifen zu können. Da bleibt keine Zeit mehr, die ›Wahlverwandtschaften‹ zu lesen. Es ist eine sehr ernsthafte, eine wirkliche Krise der Kultur, eine Krise der Entwicklung. (...)«

(Tagesanzeiger Zürich vom 16. 4. 1983)

VI. »Andorra« auf der Bühne: Kritik und Wirkung

1. Zur Aufführungsgeschichte und Rezeption

Die Wirkung von *Andorra* auf der Bühne zeichnet sich zunächst durch ihre Intensität wie durch ihre Kurzlebigkeit aus. Zwei Stationen der Aufführungsgeschichte setzen jeweils einen Markstein: die sensationell gelungene Züricher Uraufführung 1961 und die katastrophal mißlungene Broadway-Inszenierung, die bereits 1963 einen vorläufigen Endpunkt der Bühnenwirkung darstellt.

Die Uraufführung – die wegen des enormen Andrangs an drei aufeinanderfolgenden Tagen wiederholt wird – geht am 2., 3. und 4. November 1961 im Zürcher Schauspielhaus über die Bühne. Die hohe Spannung auf Stoff und Bearbeitung durch ein erwartungsvolles und oft voreingenommenes Publikum darf als typisch gelten für die Rezeption vieler Frisch-Texte. Die Regie führt in Zürich Kurt Hirschfeld, das Bühnenbild – das Andorra verwahrlost und schäbig erscheinen läßt – wird von Teo Otto entworfen: beide haben in den Monaten vor der Aufführung intensiv mit dem Autor zusammengearbeitet. Die Rolle des Andri spielt Peter Brogle, der einstimmig von der Kritik akklamiert wird und 1964 in der Fernsehbearbeitung ebenfalls die Hauptrolle übernehmen wird. Den Lehrer spielt Ernst Schröder, die Rolle der Barblin Kathrin Schmid.

Das enorme Publikumsinteresse, das die drei »ur-, urer- und am ursten« (Ossip Kalenter im Tagesspiegel) Aufführungen verlangt hatte, ist bezeichnend für die weitere Sensation, die Andorra in der Saison 1961/62 auslöst: »Es ist in deutscher Sprache das wichtigste [Stück] seit Jahren [. . .] Andorra ist mehr als eine Premiere, es ist eine repräsentative Kraftprobe des deutschsprachigen Theaters.« (Siegfried Melchinger)

Die deutsche Erstaufführung findet gleichzeitig – am 20. Januar 1962 – an drei verschiedenen Bühnen statt: in München (unter Regie von Hans Schweikart), in Düsseldorf (Regie: Reinhart Spörri) und in Frankfurt (Regie: Harry Buckwitz). Rasch darauf folgen Inszenierungen auf den meisten deutschen Bühnen, sowie in Österreich (Leon Epp), in Israel (Josef Millo), in New York (Horst Buchholz) und Ostberlin (Fritz Bornemann); in den folgenden Jahren auch in England (Lindsay Anderson) und Frankreich (Gabriel Garran). Die spontane Rezeption zeichnet sich durch starkes Interesse, Lob und Betroffensein aus, vor allem in der Bundesrepublik Deutschland. In der Spielzeit 1962/63 erreicht *Andorra* an deutschsprachigen Bühnen mit 934 Aufführungen den zweiten Platz nach Dürrenmatts *Die Physiker* (1598 Aufführungen). Zur gleichen Zeit erzielt etwa Lessings *Minna von Barnhelm* nur 530 Aufführungen. – Auch in Israel wird *Andorra* – leicht modifiziert – zunächst positiv aufgenommen.

Nach einigen Monaten setzt bereits eine kritischere Rezeption ein. Einen entscheidenden Einschnitt in der Aufführungsgeschichte stellt die New Yorker Inszenierung dar (Februar 1963). Danach verschwindet *Andorra* zusehends von den deutschen Bühnen und findet auch im Ausland nur noch mäßigen Anklang.

In der kritischen Rezeption der Uraufführung gilt es, zwischen der deutschen und der schweizer Kritik zu differenzieren. Beide Lager gehen grundsätzlich aus von der Frage, welches Land mit dem Decknamen »Andorra« gemeint sei. Die schweizer Kritik bezieht die Aussage des Stückes unmißverständlich auf die Schweiz selber und reagiert mit wenig Begeisterung. In Österreich ist das Stück von vornherein scharfer Kritik ausgesetzt (vgl. Hans Weigel in der Illustrierten Kronenzeitung vom 31. 3. 1962, der *Andorra* als »zweitens nicht gut und erstens sehr gefährlich«, bzw. einfach »scheußlich« bezeichnet). Von deutscher Seite heißt es dagegen: »Das historische Modell für *Andorra* ist Deutschland« (W. Leonhardt in Die Zeit), sogar: »Aber Eichmann war nicht in Andorra.« (S. Melchinger) Das Stück wird insgesamt vom deutschen Publikum bzw. von der bundesrepublikanischen Kritik viel positiver aufgenommen.

Die Berliner Aufführung im März 1962 unter Regie von Fritz Kortner ist bis dato die erfolgreichste gewesen. Sie ist beschrieben worden als »nicht nur ein Riesenerfolg, sondern auch ein theatergeschichtliches Ereignis« (Frühwald/Schmitz, S. 79). Auch der Stuttgarter Erfolg unter der Regie von Peter Palitzsch ist ein weiterer Beweis für die Bereitschaft des Publikums in der Bundesrepublik Deutschland, sich mit dem »Modell« auseinanderzusetzen. Palitzsch läßt das Stück – das er eindeutig als historisches Zeitstück auffaßt – nicht in »Andorra«, sondern in Deutschland spielen. Auch diese Inszenierung findet die Billigung Frischs – was wiederum auf sein Schwanken zwischen »Parabel« und Bewältigungstheater schließen läßt.

Nach dem schlagenden New Yorker Mißerfolg mehren sich kritische Stimmen. Unter anderem wird dem Stück Antisemitismus vorgeworfen: das tragische Schicksal der Juden in diesem Jahrhundert sei hier verharmlost, ja im ganzen sogar verkannt. Frischs beharrliches Insistieren, er habe nicht Juden, sondern die ganze Menschheit gemeint, kann der zunehmenden Ablehnung des Stücks kaum mehr entgegenwirken.

Die New Yorker Aufführung scheiterte aus einer Vielzahl von Gründen: nicht zuletzt sicherlich, weil das amerikanische Publikum happy endings und problemlose, »optimistische« Texte bevorzugt, in zweiter Linie, weil es sich für vorurteilsfrei hält und deswegen »Lehrstücken« grundsätzlich mißtraut. Die New Yorker Kritik – die übrigens mit Stücken von Dürrenmatt und Brecht oft zu ähnlichen Resultaten gelangte – beruht in der Tat einfach auf Unverständnis dem Stück gegenüber. So bemerkt Sabina Lietzmann, von fünfzehn Broadway-Kritikern hätten »nur fünf überhaupt begriffen, worum es in *Andorra* geht«. Das Stück wird als »plump, schwerfällig, monoton« abgetan, vor allem distanzieren sich die Amerikaner von einer »Ironie«, die nur Europäern bedeutungsvoll erscheinen kann: »In Mitteleuropa haben sich Frischs Stücke stärker durchsetzen können, weil sie der Mentalität des Publikums näher liegen. Was uns als ziemlich durchsichtige Ironie erscheint, wird dort als tiefsinnig und subtil empfunden.« (H. Taubman in der New York Times, Übers. Wendt/Schmitz, S. 242). Obwohl das Resultat der Broadway-Inszenierung ausschließlich von der gegebenen Publikumsmentalität abhing – und keineswegs von den ästhetischen Qualitäten des Stückes –, verschwindet *Andorra* nach diesem Mißerfolg für einige Jahre rasch auch von den deutschen Spielplänen. Der Wirkungsbereich des Texts verlagert sich stärker auf den Unterricht. 1964 wird *Andorra* in London erstaufgeführt, ebenfalls wird in diesem Jahr eine Fernsehadaption verfilmt unter der Regie von Gert Westphal. Der Fernsehfilm wird lobend aufgenommen, deutliche Kritik an der Tendenz des Stückes bleibt jedoch nach wie vor nicht aus. Die unscheinbare französische Erstaufführung (1965 in Aubervilliers) bleibt bis auf weiteres die letzte größere Inszenierung. Für die Zukunft prophezeit man allerdings das Einsetzen einer »neue[n], weniger voreingenommene[n] Rezeptionsphase«, die mit Aufführungen an kleinen Bühnen anfangen sollte (Frühwald/Schmitz, S. 82).

Diese neue Rezeptionsphase scheint mit dem Beginn der achtziger Jahre dann tatsächlich einzusetzen. Das Gastspiel des Westfälischen Landestheaters im Januar 1980 in Offenbach eröffnet einen neuen Wirkungsabschnitt des Stückes. Bezeichnenderweise stößt die Offenbacher Einspielung auf besonders starkes Interesse beim jugendlichen Publikum. Im gleichen Jahr erfolgen dann unter anderem Inszenierungen in Gießen – die gelungene Aufführung, so will es die Tageskritik, verdankt ihre Eindringlichkeit vor allem der Zeitlosigkeit des Stückes – und Hamburg. Letztere ist, nach Maßgabe der Kritikerin Renate Bang, von »beklemmender Aktualität« gezeichnet. Unter der Regie des Darmstädter Intendanten Trautmann gelingt dort im Februar 1981 ebenfalls eine Neueinspielung von eindrucksvoller Dichte. Auch die Baseler Inszenierung vom Juni 1983 stößt auf klaren Beifall. Im folgenden Jahr bringt das Düsseldorfer Schauspielhaus (Dezember 1984; Regie: Peter Heusch) *Andorra* nach zwanzig Jahren wieder auf den Spielplan. Auch diese höchst erfolgreiche Neueinstudierung des Stückes legt Zeugnis ab von der unverminderten Brisanz seiner Thematik.

Die folgende Dokumentation vermittelt im einzelnen Aufschluß über die bisherige Aufführungsgeschichte des Texts. Die an dieser Stelle wiedergegebenen Kritiken wichtiger Inszenierungen können im ganzen als exemplarisch für die Wirkung des Stückes gelten.

2. Dokumentation

ZÜRICHER URAUFFÜHRUNG (2., 3., UND 4. NOVEMBER 1961)

Max Frischs Erneuerung des moralischen Theaters. Glanzvolle Uraufführung von »Andorra« im Zürcher Schauspielhaus (Ossip Kalenter)

»Max Frischs neues Stück ›Andorra‹ werden mehr als zwanzig deutsche Bühnen noch in dieser Spielzeit herausbringen, und die bundesdeutsche Erstaufführung ist für drei führende

Bühnen am selben Tag im Januar vorgesehen. Die erste Buchausgabe erscheint im Dezember bei Suhrkamp. Die ersten fremdsprachigen Aufführungen finden – noch vor der deutschen Erstaufführung – in Tel Aviv und Amsterdam statt. Was Wunder, wenn ein so erstaunlich begehrtes theatralisches Ereignis nicht nur eine gewöhnliche Uraufführung, sondern gleich drei ›Uraufführungen‹ hintereinander hatte? [...] So wählte man denn in echt andorranischer Munterkeit den tüchtigen Ausweg, drei ›Uraufführungen‹ zu machen, wobei den von fern und nah herbeigeeilten Kritikern die Illusion gewährt wurde, sie hätten auch dann der Uraufführung beigewohnt, wenn sie die erste oder zweite Wiederholung sahen.

›Andorra‹ nennt Frisch – zuerst in seinem ›Tagebuch 1946-1949‹ – solche Erfindungen, Zustände und Ereignisse mit etwas Beigeschmack. Ohne übrigens die kleine Republik in den Pyrenäen zu meinen, die er nicht kennt, und – laut Versicherung im Programmheft – auch ohne eine andere kleine Republik in einem anderen großen Gebirge zu meinen, die er sehr wohl kennt. ›Seldwyla‹ nannte sein Landsmann Gottfried Keller dereinst einen ähnlichen Zustand.

Sein ›Andorra‹, auf keiner realen Landkarte zu finden, sei ein Modell, bemerkt Frisch. Ein Modell wofür? Für die menschliche Unzulänglichkeit, Gedankenlosigkeit, Charakterlosigkeit und Gefährlichkeit. [...]

Ein Modell ist auch der ›Jude‹, beziehungsweise der junge Mensch, in dem man einen Juden zu sehen glaubt. Das Modell ›Jude‹ kann heute oder morgen Weißer, Gelber oder Schwarzer, Kapitalist oder Kommunist (im Sinne McCarthys) heißen, kommentiert Hans Magnus Enzensberger im Zürcher Programmheft. Nicht das Gestern ist hier gemeint, sondern das, was jederzeit und überall möglich ist. [...]

Max Frisch, aus Rom herbeigeeilt, konnte mit der Darstellung, dem Publikum, das warmen Beifall spendete, und mit sich zufrieden sein. Er ist es nach zahlreichen Umarbeitungen und Neufassungen noch immer nicht. Doch man möchte sagen: Hier irrt Frisch. Der Eindruck, den sein Stück hinterläßt, ist rund, geschlossen und vollendet.«

(Der Tagesspiegel vom 9. 11. 1961)

Der Jude in Andorra. Max Frischs neues Stück im Schauspielhaus Zürich uraufgeführt (Siegfried Melchinger)

»Man kann über dieses Stück nicht schreiben wie über irgendeines. Es ist in deutscher Sprache das wichtigste seit Jahren. Sein Thema ist der Antisemitismus. Die überwältigende Zustimmung, mit der es im Zürcher Schauspielhaus von einem ungewöhnlichen Publikum aufgenommen wurde, galt sowohl der Wahrheit, die es ausspricht, als dem Mann, der den Mut hatte, sie auf die Bühne zu bringen.

Der Schweizer Max Frisch besaß nicht Selbstgerechtigkeit genug, um das Thema als Reportage über die finsteren Jahre des Nachbarlandes zu behandeln. Beim Nachdenken über die Frage, wie überhaupt Antisemitismus aufkommen kann, gelangte er zu der Antwort, daß er überall aufkommen *könnte*. So wählte er als Schauplatz ein Land, das es auf keiner Landkarte gibt (und das doch unverkennbare Züge seines eigenen trägt). ›Andorra‹, sagt er, ›ist der Name für ein Modell.‹ [...]

Die Dinge nehmen ihren Lauf. Während die Andorraner auf dem Marktplatz sich noch einreden, sie könnten nicht überfallen werden, ›weil die ganze Welt uns verteidigen würde, schlagartig, weil das Weltgewissen auf unserer Seite ist‹, rollen bereits die Panzer der ›Schwarzen‹ aus dem Nachbarland über die Grenze. Lautsprecher: ›Kein Andorraner hat etwas zu fürchten.‹ Aber die Menschenjagd beginnt. In der Kammer Barblins, die ihn schützen will, finden sie Andri. Vergeblich, denn zu spät schreit der Vater: ›Er ist mein Kind‹. Bei der ›Judenschau‹ wird es sich zeigen. Denn alle müssen vor die Judenschau. [...]

Es sind zwei Wahrheitsbeweise, die Frisch antritt. Der eine: Das Böse ist in den Menschen und muß heraus; es sucht sich einen Sündenbock; [...] Der zweite: Wer einen anderen, bloß weil er ihm anders erscheint, als anderen behandelt – macht sich schuldig. [...]

Daß der Jud gar kein Jud ist und daß der Mensch immer in Gefahr gerät, einen haben zu wollen, den er zum Jud machen kann – das ist die These des anderen Wahrheitsbeweises. [...] Wenn das Böse sich den Sündenbock sucht, ereignet sich der Augenblick, in dem das schuldhafte Verhalten von einzelnen in den Terror des Kollektivs umschlägt. Das ist die entsetzliche Erfahrung, die Frisch – sicher bewußt – aus seinem Modell ausgeklammert hat. [...]

Dieses Stück, dessen Uraufführung ein Ereignis des deutschsprachigen Theaterlebens war, wird von vielen westdeutschen Bühnen gespielt werden. Wir wünschen den Vorstellungen nicht den spontanen Applaus der Nichtbetroffenheit, den das Züricher Publikum spendete. Noch unziemlicher wäre es freilich, wenn man das Stück dazu mißbrauchen würde, das Alibi hervorzukehren, jenes wohlbekannte: ›Die anderen wären auch nicht besser gewesen‹. Dieser Prozeß spielt in Andorra. Aber Eichmann war nicht in Andorra.«

(Stuttgarter Zeitung vom 4. 11. 1961)

»Blickt in eure Spiegel und ekelt euch!« Vom Mechanismus tödlicher Vorurteile: Max Frischs neues Schauspiel »Andorra« (Friedrich Luft)

»[...] Das Interesse war enorm und der Erfolg auch. Wann hat man zuletzt bei einem modernen Stück, verfaßt in deutscher Sprache, eine solche Raserei der Zustimmung erlebt; bei einem Stoff zudem, der eher unerfreulich und heikel ist? Frisch wirft Schuld ins Parkett. Er unterhält sein Publikum, indem er es bitter an die Kandare des Gewissens nimmt. Der Vorgang, den er mit psychologischer Qual darlegt, ist unerfreulich und aktuell bis zu dem Exzeß, mit dem er endet. [...]

Wenn ein Publikum so logisch geprügelt wird, warum gerät es dann in eine solche Raserei der Zustimmung, wie nach diesen drei Premierenabenden geschah? Herrschte hier ein Massenmasochismus? Oder wollten die Leute – andersherum – dartun, daß sie selbst von der Fürchterlichkeit solcher Abrechnung nicht betroffen wären? Beifall als fixe Sühne? Zustimmung als Rechtfertigung?

Der Grund dieses großen Erfolges ist wohl noch anders zu erklären. Frisch ist hier gelungen, einmal ohne alle Beschönigung ein Grundübel der Epoche aufzuklappen. [...]

Die Intelligenz, mit der der Bühnenvorgang vonstatten geht, ist so überzeugend. Frischs bestes Stück bisher. Es hat eine so große Szenenbrauchbarkeit und eine so resolute Überredungskraft, daß es reinigt, auch wo es an der Möglichkeit einer Reinigung des Menschen selbst offensichtlich zweifelt.

Das macht es erhebend, ja fast erlösend, wenn es auch, scheinbar, dauernd nur vernichtet. Und das bringt es in seiner Wirkung in die Nähe der ›Anne Frank‹, tatsächlich. [...]

Wir haben mit dieser Triplepremiere in Zürich ein sehr ansehbares, ein wichtiges, ein höchst bühnengutes Stück in unserer eigenen Sprache endlich wieder. Ein Exempelstück, ein überzeitliches Zeitstück, eine düstere Moralie mit dem Glanz gläubiger Schönheit, auch wo es scheinbar nur extreme Häßlichkeit dieser Menschheit zeichnet. Frisch wurde endlos gefeiert. Wird man ihn ebenso verstehen wie bejubeln?«

(Die Welt vom 6. 11. 1961)

DEUTSCHE ERSTAUFFÜHRUNGEN: MÜNCHEN, DÜSSELDORF, FRANKFURT (20. JANUAR 1962)

Dreimal »Andorra«. Deutsche Erstaufführungen von Max Frischs neuem Drama (A.S.V., Günther Rühle, Wolfgang Drews)

»Das Bedeutende hat uns erreicht. Max Frischs neues Schauspiel ›Andorra‹ ist mit der deutschen Erstaufführung in Düsseldorf, Frankfurt und München am Samstag zu einem Ereignis geworden. Zum zweitenmal (nach Dürrenmatts ›Besuch der alten Dame‹) tritt das Theater in seine Funktion der Läuterung ein. Zum zweitenmal hat ein deutsch sprechender Autor den Verrat am Menschenbruder zur Sache der Dichtung gemacht. Betroffenheit zeichnete die Reaktion des Publikums, Beifall den Gewinn an Kunst. [...]

Düsseldorf

Uns Deutschen ist der Antisemitismus immer noch der nächstliegende Modellfall verblendeter Ideologie, welche notwendig zum Brudermord führt. Von daher kann uns dieses ›Andorra‹ nicht gleichmütig lassen. Das Tun und Nichttun, das Reden und Schweigen, weht uns wie Grabeswind eigener, noch nicht vergessener Untat an. Das gipfelt mit wahrhaft beklemmender Aktualität in den Aussagen des Amtsarztes. [...] Frisch hat das mit Spürsinn versammelt und mit erschütternder Knappheit objektiviert. Da ist kein Wort zuviel. Um diese ›Aussage‹ vorne an der Rampe weht das Klima der Monologe Shakespeares [...]

Mag sie denn ihre Wirkung tun – diese Aufführung, und die vielen, die ihr in anderen Städten folgen werden. Als Beitrag zur Bewußtwerdung über das, was in uns, in Andorra und Güllen, was in Algier und Kuba und Louisiana, in Frankfurt und Dorsten, auf uns lauert. Zu allererst in jedem von uns. Dann erst in den anderen. *(A.S.V.)*

Frankfurt

Die Inszenierung von Harry Buckwitz machte sichtbar, daß Frisch sich das Drama aus der Dialektik wiedergewinnt. Man erlebte eine szenische Analyse der Vorurteile, Ängste und Ausflüchte. Vorurteil als ein System der Übertragung eigener Mängel auf andere. Ein Zerstörungsprozeß, in dem das Schöne zugrunde geht, das den wunderbarsten Namen trägt: Mensch. – Mensch? [...]

Daß Andri in seine Wahrheit eintritt und sie auf sich nimmt, das erhebt ihn über die Andorraner. Sein Untergang ist eine doppelte Klage: gegen die Verleumder, die das Schöne fällen, weil sie es nicht sehen. Eine dichterische Klage auch: daß die Wahrheit, in die Andri geht, keine ist und doch Würde hat. Frischs Einsicht in den Rollencharakter des Lebens offenbart da ihren tiefsten Pessimismus. Tragischer Pessimismus und Pessimismus des Moralisten, der mit uns (uns!) Andorranern ins Gericht geht. Buckwitz gibt diesem Prozeß den dialektischen Zuschnitt. Er zeichnet auf den Gesichtern der Andorraner was dem Andri als Judenmerkmal vorgeworfen wird: Geldgier, Krämergeist, Feigheit, Angst. [...] – Am Ende Beklemmung. Endlich sich steigernder Beifall. *(Günther Rühle)*

München

Nach Berichten und Fotos zu schließen, hat Hans Schweikart die Züricher Uraufführung als Modell für seine Inszenierung des Modellstückes benutzt. Max Frisch war anwesend, ließ sich lange rufen, ehe er die Loge verließ und sich für den sogar im beifallsfreudigen München ungewöhnlichen Applaus bedankte. Ein Beifall der Bewunderung und Betroffenheit, der den Rang der Dichtung und das Niveau der Aufführung bestätigte. [...] *(Wolfgang Drews)*«

(Frankfurter Allgemeine Zeitung vom 22. 1. 1962)

BERLIN (MÄRZ 1962)

Andorra ist überall. Fritz Kortner inszenierte »Andorra« von Max Frisch im Schiller-Theater (Günther Grack)

»Das Schiller-Theater hatte seinen großen Abend: Fritz Kortners mit Spannung erwartete Inszenierung von ›Andorra‹, Max Frischs letztem Stück, ging vor einem illustren Publikum zum erstenmal in Berlin über die Bühne. [...] Nach Zürich, München, Frankfurt, Düsseldorf, Augsburg, Nürnberg, Tübingen, Heidelberg, Stockholm hat nun auch Berlin ›Andorra‹ kennengelernt, und alles spricht dafür, daß die Berliner Max Frisch verstanden haben. [...]

Ein sehr dichtes, sprachlich prägnantes Stück, das mit der Unausweichlichkeit einer Lawine auf sein Ende zueilt. Im Bestreben, jedem Wort Geltung zu verschaffen, den psychologischen Mechanismus des Geschehens bis ins Ineinander der kleinsten Rädchen einsichtig zu machen, hat Kortner das Tempo dieses Laufs ein wenig gebremst. Was hier die einzelne Szene an Intensität gewinnt, geht dem Spannungsbogen der Szenenfolge insgesamt zwangsläufig verloren. [...]

Wenn die Andorraner in den Zwischenszenen der Reihe nach vor ein imaginäres Gericht treten und sich zu rechtfertigen versuchen, fällt auf, daß sie allesamt darauf hinweisen, sie hätten ja nicht ahnen können, daß Andri in Wahrheit gar kein Jude war ... Hier hat Max Frisch den Nerv der Sache getroffen, einen heimlichen Antisemitismus, der auch nach dem Blutbad tausendfacher Morde noch untergründig weiterschwelt und darauf wartet, bis auf den letzten glimmenden Rest ausgetreten zu werden, hier, in Andorra und in aller Welt.«

(Der Tagesspiegel vom 25. 3. 1962)

Deutsche Bühnen im Spiegel von Max Frischs »Andorra«. Aufführungen in München, Frankfurt, Düsseldorf, Hamburg und Berlin (Johannes Jacobi)

»Bei der Uraufführung von ›Andorra‹ stand fest: dies ist für das deutschsprachige Theater ›das Stück des Jahres‹. [...]

Überraschenderweise ergaben sich bei der ›deutschen Erstaufführung‹ keine besonderen Gesichtspunkte. Diese Erstaufführung hatte gleichzeitig in München, Düsseldorf und Frankfurt stattgefunden. Das wurden drei lokale Premieren, mehr oder weniger gut. Den Rang und die Schlüssigkeit der Zürcher Uraufführung erreichte keine.

Erst jetzt, durch die Berliner ›Andorra‹-Inszenierung, gibt es eine bemerkenswerte ›Variante‹. Sie ist das Werk des Regisseurs Fritz Kortner und des Bühnenbildners Hansheinrich Palitzsch.

[...] Später erzählte [Frisch], ein Zuschauer habe ihm direkt gesagt: ›Eine typisch eidgenössische Überheblichkeit, so etwas aufzugreifen.‹

Frisch hatte solche ›Begleitumstände am Rande‹ seines Stücks erwartet. Sie bestätigen, daß er ein Ziel erreicht hat: Die Zuschauer, vor denen ›Zeugenaussagen‹ zum Schicksal des andorrischen Juden gemacht werden, sollten angesichts der aufgeworfenen Fragen nachts nicht schlafen können.

Auch Flucht ist eine Reaktion. Sie äußerte sich in Berlin diskreter als in Düsseldorf, wo bei der Premiere einige Leute, als sie gingen, die Türen zuschlugen; anders auch als in Frankfurt am Main, wo nach der Premiere einzelne Buh-Rufe zu hören waren. Aus dem prominenten Berliner Premierenpublikum stahlen sich die Ablehnenden in der Pause hinweg.

Die übergroße Mehrheit raffte sich am Ende des Stücks nur zaghaft zum Applaus auf.

Man erlebte einen der seltenen Augenblicke, wo Theater mehr als Spiel und ›Kunstgenuß‹ geworden war. [...]

Selten genug wird den deutschen Bühnen ein Stück von solchem Rang geschrieben. Wer da versagt, hat ein Urteil über sich selbst gefällt.«

(Die Zeit vom 30.3.1962)

Das Tabu der »Zeitlosigkeit«. Die Problematik von Frischs »Andorra« kennzeichnet die deutsche Gegenwartsdramatik

»[...] Es ist bezeichnend, daß in keiner der deutschen Rezensionen und Besprechungen [von *Andorra*] ein ernsthaft kritisches Wort zu diesem Stück laut wurde. Lediglich in Amerika hat sich [...] so etwas verbreitet, das aber auffälligerweise von deutscher Seite wiederum als durchaus unverständlich kritisiert wurde. [...] gerade die ungetrübte Aufnahme des Stücks [vermag] ein kritisches Licht auf die Art und Güte dieser dramatischen Produktion zu werfen. [...]

Wer heute in der Bundesrepublik gewisse Dinge öffentlich sagt, hat fast schon die Gewißheit, daß sie das schlechte Gewissen gerade derjenigen, die betroffen sein müßten, gewiß nicht vernimmt. Wenn sich dieser Jemand dazu auch noch ›neutral‹ gibt, als Schweizer zum Beispiel, so hat er jenseits der eigenen Anfechtung auch noch den archimedischen Punkt erreicht, von dem aus man allgemein die Welt aus den Angeln heben zu können glaubt. [...]

›Vom sichern Port läßt sich's gemächlich raten‹: Schiller schrieb den Schweizern ihr Nationaldrama, Frisch schrieb den Bundesrepublikanern ihr beruhigendes Bewältigungsdrama. [...]

Die stoffliche Bindung an eine konkrete politische Situation im Gewande der humanitären Allgemeinverbindlichkeit führt leicht dazu, daß sich beide Komponenten gegenseitig aufheben – mit dem Resultat Null. [...]

Und heute beginnt die Schwierigkeit schon damit, eine solche ›repräsentative Handlung‹ zu erfinden. Aber selbst, wenn das gelänge: Die Verknüpfung des Besonderen mit dem Allgemeinen scheint erst recht unmöglich geworden zu sein. [...]

Die Judenverfolgung mag natürlich wiederum als ein ›zeitloses‹ Phänomen verstanden werden: die Verfolgung einer andersartigen Minderheit durch eine Mehrheit. Dieser Einwand verkennt aber die einmalige historische Situation, in die Frisch hineinspricht. Im heutigen Deutschland meint Judenverfolgung immer die Geschehnisse von 1933–1945, d.h. sie ist von vornherein spezifiziert auf historisch-nationale Begebenheiten. Die sogenannte ›Zeitlosigkeit‹ des Problems enthüllt sich als nichts anderes als ein Tabu, über das nicht diskutiert wird. [...]«

(Westdeutsches Tagblatt vom 26.4.1963)

NEW YORK 1963

Unbehagen über »Andorra«. Frischs Stück am Broadway (Sabina Lietzmann)

»›Andorra‹ von Max Frisch hat am vergangenen Samstag seine Broadway-Premiere in New York gehabt. Der Erfolg bei den Kritikern der New Yorker Tagespresse [...] war zwiespältig und ließe sich am ehesten als Achtungserfolg umschreiben. ›Gute Absichten – schlechtes Theater‹ war, von einer Kritikerin so kraß formuliert, der Grundtenor der Rezension. Man fand ›Andorra‹ langweilig, schwerfällig, mit Bedeutung überfrachtet; ›ein seltsames und unglückliches Stück‹, wie der Rezensent der ›New Yorker Herald Tribune‹, Walter Kerr, befand. Frischs Ironie tue sich schwer und sei zu grell, meinte Taubman von der ›New York Times‹. Frischs Absicht sei bewundernswert, sagte Judith Christ (gleichfalls ›Herald Tribune‹) über die Station ABC, er habe aber ›langweiliges, langweiliges Theater‹ daraus gemacht. Es könne wohl sein, fügte sie hinzu, daß dies Stück in Deutschland als eine Art Gruppentherapie von Wirkung sei.

Fast alle Kritiker, die sich bisher geäußert haben, weisen auf den außerordentlichen Erfolg von ›Andorra‹ in Deutschland und auf anderen europäischen Bühnen hin. In ihren Einwänden schwingt, zwischen den Zeilen wahrnehmbar, ein deutliches Unbehagen mit, das auch während der Aufführung im Publikum zu spüren war. Hin und wieder entlud es sich in einem leicht hysterisch getönten Gelächter, das namentlich in die große Szene der ›Judenschau‹ hinein ertönte. [...]«

(Frankfurter Allgemeine Zeitung vom 12. 2. 1963)

Warum Frischs »Andorra« in New York unterging (Sabina Lietzmann)

»Das interessanteste und wichtigste Ereignis dieser Saison am Broadway war die Niederlage von *Andorra.* Genau eine Woche nach der offiziellen Premiere senkte sich der Vorhang [...] Um die gleiche Zeit stellte *Biedermann und die Brandstifter* nach nicht viel längerer Lebensdauer die Aufführungen ein. ›Ich habe einen Kontinent verloren‹, erklärte der Autor [...] Von den fünfzehn *Andorra*-Besprechungen, die der Referentin bisher vorliegen, haben nur fünf überhaupt begriffen, worum es in *Andorra* geht [...] Zum kritischen Gesamtbild addieren muß man die Stimmen aus dem Publikum, die das Stück plump, grob, taktlos [...] peinlich, billig nannten. Das alles summiert sich – in den Worten des *Aufbau* – zu ›einer der schwersten Niederlagen, die nicht Frisch, sondern das amerikanische Theater und vor allem das New Yorker Publikum erlebt haben.‹ [...] die kritische Aufnahme von *Andorra* in New York [ist] ein Ausdruck der amerikanischen Konzeption von Wesen und Funktion der Bühne. Selten hat ein Ereignis ihre Grundverschiedenheit von Europa so kraß und deutlich offenbart. So kann man denn die ›Kritik‹ des intellektuellen Wochenmagazins *New Yorker* nicht anders als schnoddrig und arrogant bezeichnen [...] Das Stück, schreibt Herr McCarten deutlich verärgert nieder, beschreibe mit erbarmungsloser Ausführlichkeit, ›daß Fremdenhaß schlecht ist, daß Antisemitismus schlecht ist und daß Inzest auch nicht zu empfehlen ist.‹ Da diese Einsichten jedem zivilisierten Menschen selbstverständlich seien, verschwende Herr Frisch nur seine und unsere Zeit; sein Stück versenke den Zuschauer ›in einen langen, traumlosen Schlaf‹. [...] Man schreibt es – als Kollege – ungern nieder, aber es läßt sich einfach nicht übersehen, daß ein Teil der Rezensenten das Stück oder vielmehr seine Implikationen einfach nicht verstanden hat. [...] Man will sich von *Andorra* nicht treffen lassen und behauptet, unter Hinweis auf den europäischen Erfolg, es möge ›drüben‹ eine massentherapeutische Wirkung haben, hier aber renne es offene Türen ein. Daß rassisches Vorurteil ein Übel sei [...] habe man hier längst und allgemein begriffen, dazu brauche man Max Frisch nicht. [...] *Andorra*, meint [Manfred George vom *Aufbau*], werde hierzulande wohl am ehesten von den Negern verstanden werden. [...] Die Massenverführung einer ganzen Gemeinde, eines ganzen Volkes gilt in dem Lande der heftigsten Konsumverführung als ausgeschlossen. [...]«

(Frankfurter Allgemeine Zeitung vom 26. 2. 1963)

LONDON 1964

Andorra in England. Max Frischs Parabelspiel im Nationaltheater in London (Gertrud Mander)

»Weil Max Frischs ›Andorra‹ seine englische Taufe im National Theatre empfing, war dem Stück von vornherein der Erfolg gesichert. Eine Wiederholung des New Yorker Fiaskos in London war also ebenso ausgeschlossen wie die indifferente Aufnahme, die den ›Brandstiftern‹ vor Jahren hier begegnete. Aber man hatte hinterher doch das Gefühl, daß Kritik und Publikum nicht genau wußten, was sie mit dem Stück anfangen sollten. Das ging aus solchen Bemerkungen hervor wie: ›Aber die Charaktere sind keine realen Menschen‹, ›zu klinisch‹, ›zu melodramatisch‹, ›keine konsequente emotionelle Atmosphäre‹. Man wußte nicht recht, in welche dramatische Kategorie man ›Andorra‹ einordnen sollte und war sich nicht ganz klar über die Botschaft. Anti-Antisemitismus allein? Anti-Konformismus? Suche nach der Identität? Ibsens ›Lebenslüge‹ neu aufpoliert? Oder einfach ein Stück über den Outsider? Noch selten haben sich die Meinungen so sehr widersprochen, aber selten war man hier auch so interessiert an einem deutschsprachigen Stück.

Das National Theatre hatte eine ausgezeichnete Aufführung auf die Beine gestellt. Es ist nur schade, daß so wenige Kritiker sahen, *wie* ausgezeichnet und außergewöhnlich Lindsay Andersons Regie war. [...]

Natürlich kämpfte Anderson gegen immense Schwierigkeiten. Er versuchte, die drei Ebenen des Stückes, die meiner Meinung nach mit den Namen Brecht, Ibsen und Büchner umschrieben werden können – in ein englisches Äquivalent zu verwandeln. [...] Aber das zentrale Thema, Andris Verwandlung, die Heuchelei und Vorurteilsbefangenheit der Andorraner, die langsame, unabwendbare Isolierung des Jungen vom halben Begreifen der Rolle, die ihm zugewiesen, über das Leiden daran und die Angst davor bis zur trotzigen und starren Annahme des Unabänderlichen – das war konsequent entwickelt und durchgeführt. [...]«

(Stuttgarter Zeitung vom 6. 2. 1964)

FERNSEHINSZENIERUNG 1964

»Andorra« von Max Frisch. Wirkung auf dem Bildschirm war zwingender als auf der Bühne (Holm)

»Drei Jahre nach der Uraufführung in Zürich konnten nun Millionen Fernsehzuschauer Max Frischs dramatisches Gleichnis ›Andorra‹ selbst beurteilen. [...]

Die derzeitige Behandlung der Neger in den USA und der Auschwitz-Prozeß in Frankfurt bildeten den beklemmenden zeitgeschichtlichen Hintergrund zu dieser großartigen Fernsehinszenierung, die vom Norddeutschen Rundfunk nach dem Züricher Modell eingerichtet wurde.

Es ist erstaunlich, daß das Stück vom Bildschirm her zwingender wirkte als auf der Bühne. [...]

Es ist Max Frischs bestes Stück. Die Grundsituation steht bereits in seinem Tagebuch von 1946 (!). Sie wurde präzisiert, verdichtet, schließlich dem Theater gewonnen; ein unvergängliches Stück des zwanzigsten Jahrhunderts entstand, von seinem Geist und Ungeist zeugend. [...]

Frisch schildert die Verhaltensweisen des Antisemiten mit einer Exaktheit, die an Sartres Essay über die ›Judenfrage‹ erinnert. Sein Stück ist ein Lehrbeispiel der verminderten Zurechnungsfähigkeit einer ganzen Gesellschaft, die sich einer Ideologie der Unmenschlichkeit kritiklos unterwirft. Auch der Antikommunismus ist eine solche Ideologie. Auch der amerikanische Rassendünkel. Auch der spanische Klerikalismus, der den Protestanten das Lebensrecht versagt. Jeder einzelne Typ dieses Dramas ist uns vertraut. Wir treffen ihn täglich im Büro, in der Straßenbahn, im Fabriksaal, in der Universität.

Frisch hat mit ›Andorra‹ wirklich ein konsequentes Aufklärungsstück geschrieben, wie es außer ihm – vom großen Brecht abgesehen – bisher keinem deutschsprachigen Dramatiker geglückt ist. [. . .]«

(Die Andere Zeitung vom 29. 10. 1964)

PARIS (AUBERVILLIERS) 1965

»Monsieur Frisch, Ihr Andorra. . .« Zur französischen Erstaufführung im Theater von Aubervilliers (Frantz Vossen)

»[. . .] Nun, das ›Théâtre de la Commune‹ von Aubervilliers wurde in diesem Januar mit der französischen Erstaufführung von ›Andorra‹ eröffnet. Ein kommunistisches Theater? [. . .]

Eine Viertelstunde vor Mitternacht schlug aus den 600 Lederfauteuils stürmischer Applaus über dem Mädchen Barbeline zusammen, das am Ende von ›Andorra‹ auf der Bühne allein ist. Applaus aus einem Guß, massiv, wie er nur dann losbricht, wenn ein Saal von dem Geschehen auf der Bühne und der Qualität der Aufführung gleichermaßen gepackt war. [. . .]

Dann gab es neuen Applaus. Er galt einem stämmigen, bebrillten Herrn, Mitte fünfzig, der in der ersten Saalreihe mit dem Rücken zur Rampe dem Publikum (auf französisch) erklärte, er spreche leider nicht französisch. Es war Max Frisch. Wie berühmt Max Frisch ist, und daß infolgedessen seine persönliche Anwesenheit bei dieser Aufführung eine Ehre für dieses Theater war, machte sich im Saal von Aubervilliers ganz gewiß kaum jemand klar. Für das Publikum war er der Autor eines Stückes, für das man sich brennend interessiert hatte, und das war Grund genug, ihn zu feiern.

Dann durfte man ihn ausfragen, mit Hilfe eines Dolmetschers. [. . .] ›Was halten Sie von der Inszenierung von Aubervilliers im Vergleich zu anderen in anderen Ländern?‹

Frisch antwortet, unermüdlich. ›Gute Inszenierung, weil realistisch, und weil sie nichts in Stimmung untergehen läßt. In England inszeniert man das Stück ähnlich realistisch, in Deutschland mit einem Zug ins Mythische, in Italien läuft Andorra Gefahr, zur Oper zu werden. Die Judenschau ist in Aubervilliers ins Groteske getrieben, wie ich's noch nirgendwo gesehen habe ... Interessant, vielleicht gefährlich, aber ich bin nicht prinzipiell dagegen.‹ [. . .]

Und [Frisch] fragt schließlich, weil die Fragen aus dem Saal eine halbe Stunde nach Mitternacht kein Ende nehmen wollen, zurück: ›Und Sie? Woran haben Sie als Zuschauer von Andorra gedacht? An bestimmte Länder? An Ihr eigenes Land? An Nationen oder andere Gemeinwesen? An eine historische Realität oder an Realität schlechthin?‹

Ein junger Mann antwortet: ›An alles. An das Problem des Rassismus von heute, an die Greuel von gestern. Aber nicht nur an die großen Probleme, nicht nur an die historischen Greuel, auch an harmlose Dinge. [. . .] An das alles dachte ich, durcheinander, und ich fürchte, nach Ihrem Stück bleibt es bei diesem Durcheinander in meinem Kopf. Denn Ihr Stück erhebt keinen Anspruch auf universale Gültigkeit, da es ausdrücklich auf das

Judenthema beschränkt bleibt. Zugleich ist es in der Behandlung dieses Themas zu wenig historisch, zu wenig dokumentarisch, um nicht zwangsläufig allgemein zu bleiben . . .‹

So sprach man zu Max Frisch an diesem Samstagabend in Aubervilliers, und er hörte aufmerksam zu.

(Süddeutsche Zeitung vom 9. 2. 1965)

GIESSEN 1980

Wehe dem, der anders ist (Horst Köpke)

»Mit ›Andorra‹, 1961 in Zürich uraufgeführt, im Jahr darauf von nicht weniger als 48 deutschsprachigen Bühnen nachgespielt, in den letzten Jahren nur noch sporadisch auf den Spielplänen aufgetaucht, hat Max Frisch ein Stück geschaffen, welches bedauerlicherweise Bestand haben wird; bedauerlicherweise deswegen, weil seine Problematik – die Unwilligkeit der Gesellschaft, Außenseiter zu akzeptieren – so schnell nicht aus der Welt zu schaffen sein wird. Das Stadttheater Gießen, 1961 schon eines der 48, setzte es jetzt zum zweiten Mal an, und die Aufführung zeigte, daß ›Andorra‹ so aktuell ist wie unmittelbar nach seiner Entstehung.

[. . .]

Es hat sehr strenge, karge Interpretationen dieses Stückes gegeben. Jürgen Tuchel arrangierte es in Gießen mit verhältnismäßig lockerer Hand. Sein Andorra ist ein heiteres Land. Um so beklemmender wirken im Kontrast die Szenen, in denen die Gewalt sich bemerkbar macht. Er bevölkerte die Szene mit allerlei Punks, die zwischendurch mal ein Ballettchen probieren – soll ihre Anwesenheit zeigen, daß die Andersartigen von heute meist nicht die wenigen Juden sind, die den Massenmord überlebt haben? Die beschwichtigenden Statements, die der Autor seinen Figuren in den Mund legt, kommen sehr wirksam vom Fernsehbildschirm.

Alain Fressanges du Bost hat ein abstraktes Bühnenbild geschaffen mit einem Turm aus Maschendraht und steilen Treppen in der Mitte, in dessen Spitze die Kammer der Lehrerstochter Barblin zu denken ist. Ein paar Stühle und Tische mitsamt einer häufig in Betrieb gesetzten Musikbox stellen ein Café dar, in dem sie die Bewohner treffen. Eine Welt wie von heute. Die Aufführung beginnt damit, daß Barblin Packpapierbogen von den Wänden reißt und dahinter das weißeste Andorra, das es je gab, zum Vorschein kommt.

Wer das durchweg tüchtige Gießener Ensemble kennt, war nicht überrascht, daß die zahlreichen Chargenrollen der Andorraner angemessen besetzt werden konnten. Erstaunlich war, wie gut Erich Krieg die stücktragende Rolle des Andri auszufüllen vermochte. Und auch Balbina Brauel, die man oft grell und falsch eingesetzt gesehen hat, wußte durch die schlichte Darstellung der Barblin für sich einzunehmen. An Eindringlichkeit kaum zu übertreffen: Rainer Domke in der textlosen Rolle des ›Judenschauers‹.

Es kam also eine sehr ansehenswerte Aufführung zustande, der es an Zulauf auch deswegen nicht fehlen wird, weil Max Frisch und sein ›Andorra‹ bevorzugte Lektüre an den Schulen ist. Solche Gesichtspunkte bei der Spielplangestaltung zu berücksichtigen, sollten sich auch größere Bühnen nicht zu schade sein.«

(Frankfurter Rundschau vom 7. 3. 1980)

HAMBURG 1980

Beklemmende Aktualität (Renate Bang)

»Von beklemmender Aktualität war die Aufführung von Max Frischs wohl wichtigstem Stück ›Andorra‹ im Bürgerhaus der Nordweststadt. (Hamburger Kammerspiele/Tourneetheater Greve). Vom Vorurteil handelt diese Parabel, aufgezeigt am Antisemitismus. Erst latent, dann immer mörderischer bricht er bei den Bewohnern des ›unschuldigen‹ (fiktiven) Landes Andorra aus und fordert als Opfer Andri, den illegitimen Sohn des Lehrers, der sich jahrelang rühmte, das ›jüdische‹ Kind aus den Klauen der ›Schwarzen‹, der Bewohner des totalitären Nachbarlandes, gerettet zu haben.

Regisseur Ric Mueller hatte dicht und gedrängt inszeniert, die kargen Umbauten im schmutziggrauweißen Bühnenbild von Domi Hahn wurden von den Schauspielern selbst leise und schnell vorgenommen. Leider waren die schauspielerischen Leistungen von unterschiedlicher Qualität. Bedrohlich in ihrer Alltäglichkeit waren vor allem die Bürger gezeichnet. Pinkas Braun als Lehrer besaß die ganze Skala des feigen, vor der Verantwortung in den Suff flüchtenden, unter der Schuld zusammenbrechenden Spießers.

Paul Edwin Roth als schwadronierender Amtsarzt mit der Gefährlichkeit und Rachsucht des zu kurz Gekommenen (die ›Juden‹ hatten ihm einen Lehrstuhl verwehrt) zeigte am klarsten das Bild des ›alltäglichen Faschismus‹. René Genesis als Wirt und Michael Beermann als Tischler besaßen die kleinkarierte Schäbigkeit bürgerlicher Duckmäuser, Wolfgang Feustel die erschreckende Brutalität des untergeordneten Soldaten.

Leider vermochte Michael Gspandl die Rolle des Andri nicht zu füllen. Seine zu schmalen Ausdrucksmittel, sein zu ›offener‹ Ton, der ihm wenig Modulationsmöglichkeiten ließ, engte seine Wirkung auf wenige lyrische und dramatische Momente ein – zu wenig, um das Leid dieses jungen Menschen wirklich glaubhaft zu machen. Zart anrührend dagegen war Iris Born als Andris Halbschwester Barblin, die ihre Liebesenttäuschung in den Wahnsinn treibt.«

(Frankfurter Rundschau vom 3. 12. 1980)

DARMSTADT 1981

Noch immer gültig (Peter Iden)

»Es war zuletzt viel von Max Frischs jüngstem Theaterstück, ›Triptychon‹, die Rede. In Darmstadt ist man auf ›Andorra‹ zurückgekommen, das Stück, mit dem Frisch vor zwanzig Jahren ein Klassiker des modernen Theaters wurde. Zum Problem des Vorurteils gibt es immer noch kein besser gebautes, in der zunehmenden Verschärfung des dramatischen Konflikts spannenderes, bedrängenderes szenisches Werk als dieses; es ist gültig geblieben, auch weil sich die Verhältnisse so sehr nicht geändert haben.

Die Handlung ereignet sich in einem fiktiven Kleinstaat – Frisch: ›Andorra ist der Name für ein Modell‹ –, ein Lehrer gibt seinen unehelichen Sohn, den er in seine Familie aufgenommen hat, als Juden aus, der Junge, der sich schließlich selbst mit der Rolle des Juden identifiziert, der er nicht ist, wird zum Opfer der antisemitischen Verhaltensweisen der Andorraner. Dennoch fühlt sich keiner von denen, die den Tod Andris mitzuverantworten haben, wirklich schuldig.

Lothar Trautmann [. . .] folgt Frischs Vorlage mit gutem Gefühl für die dramatische Zuspitzung, die davon herrührt, daß sich die Lebensmöglichkeiten des Jungen immer mehr reduzieren, indem immer mehr Menschen aus seiner Umgebung von ihm zurücktreten.

Jürgen Dreiers Bühne ist zweigeteilt, im Hintergrund, etwas erhöht, liegt der Schauplatz der mehr privaten Szenen; davor, weit ins Parkett gezogen: der öffentliche Raum, der Marktplatz der Stadt. In dem überraschend weiträumigen Bühnenbild bevorzugt die Aufführung gegenüber der von der Sprache der Dialoge nahegelegten, eher abstrahierenden, eben: modellhaften Darstellung eine auf Lebensnähe hin angelegte Spielweise: Das Exemplarische ist hier weniger wichtig als die Schilderung der einzelnen Situationen.

Die Aufführung zeigt mit Thomas Stuckenschmidt und Inge Rüppel in den Rollen Andris und des jungen Mädchens Barblin, die er liebt, zwei Schauspieler, deren Ausdrucksmittel und Einstellung von Regisseuren gern ›ehrlich‹ genannt wird. Sie haben sich beide spürbar vom Schicksal ihrer Figuren anrühren lassen – ihr Ernst und ihre Beteiligung entfernt sie ein wenig von den Älteren im Ensemble, die sich meistens, aber immerhin routiniert behaupten. Trautmann müßte als Regisseur den Punkt seiner Zufriedenheit mit einer Lösung weniger früh setzen – aber das ist natürlich ein Problem der Bedingungen, unter denen er immer arbeitet.

Eine richtige Disposition im Darmstädter Spielplan: Dieses Stück kann und soll man wieder spielen. – Beim Publikum der Premiere ein großer Erfolg.«

(Frankfurter Rundschau vom 21. 2. 1981)

BASEL 1983

Richtige Disposition (Peter Iden)

»Es geht am Basler Theater zur Zeit darum, die ›Komödie‹ als Spielstätte zu erhalten. Tatsächlich ist diese Bühne durch den nicht weit von ihr entfernten, großen Neubau, der das alte Stadttheater ersetzt hat, nicht überflüssig geworden. Sie ist vielmehr, wie schon in der Zeit der Intendanten Düggelin und Hollmann, als Ort des Schauspiels in Basel unerläßlich. Der jetzige Intendant Horst Stattkus sieht denn auch zu Recht, sollte die ›Komödie‹ verlorengehen, die Gefahr von ›Bremer Verhältnissen‹, das heißt: Das Schauspiel hätte dann, weil der Neubau vor allem für die Oper gebraucht wird, zu wenig Raum. Stattkus: ›Wenn die ‚Komödie' schließt, ist das Schauspieltheater hier am Ende.‹ [...]

Schon die ersten Vorstellungen von Max Frischs ›Andorra‹, das gerade in der ›Komödie‹ Premiere hatte, bewiesen das nachdrückliche Interesse besonders des jungen Publikums. Interesse an einem noch immer wichtigen (und richtigen) Stück. Der Regisseur Friedrich Beyer zeigt Frischs 1961 entstandenes Drama über die mörderischen Folgen der Unduldsamkeit in einer kühlen, manchmal wie ausgenüchterten, auf das Lehrstück zielenden Inszenierung. Was ihr an Atmosphärischem fehlt, wird durch Hervorhebung der dramaturgischen Struktur, hier also: der ›Mechanik‹ des Unmenschlichen, ausgeglichen. Beyer und die Schauspieler vermitteln nicht nur die Oberfläche der Vorgänge, sondern reagieren auch auf die Sub-Spannungen der Szenen. Sie exponieren zum Beispiel sehr geschickt den hinsichtlich des Handlungsverlaufs unterschiedlichen Kenntnisstand der einzelnen Figuren und spielen auch mit dem Vor-Wissen, das der Zuschauer in bezug auf die Absichten der Handelnden hat (Szene vor Barblins Schlafkammer).

Die Aufführung hat mit Andreas Wimberger, in der Rolle des Andri, der zum Opfer eines Rassenwahns wird, einen auffällig begabten jungen Schauspieler. Da ist ein argloser, offener, herzlicher Mensch, leuchtenden Auges – und dann sieht man, wie er durch seine Umwelt in Angst versetzt wird, seine Offenheit und sein Vertrauen verliert, ein anderer wird und zerstört, längst ehe sie ihn töten.«

(Frankfurter Rundschau vom 21. 6. 1983)

DÜSSELDORF 1984

Dieser Klassiker bleibt ein Stück von uns (Ulrich Schreiber)

»[...] Anerkennung verdient auch das Düsseldorfer Schauspielhaus, das in einer bislang ärgerlich konturenarmen Saison dem Publikum die Wiederbegegnung mit Max Firschs ›Andorra‹ ermöglicht. Dessen Grundeinfall ist übrigens später von Judith Herzberg variiert worden: Hier wird ein Kind, der Junge Andri, von einem christlichen Lehrer als Jude aus dem faschistischen Nachbarland gerettet und aufgezogen. Aber allmählich bekommt Andri in der Gesellschaft den tödlichen Antisemitismus zu spüren. Die daraus entspringenden Fragen nach der eigenen Identität, bei Judith Herzberg in die Formel der wachsenden Bindungslosigkeit gehüllt, wurden von Frisch mit stringenter, manchmal sogar überkonstruiert wirkender Dramaturgie durchgeführt. Der Junge wird durch die gerade einmarschierende Besatzungsmacht liquidiert, obwohl sich herausstellt, daß der Lehrer sein Judentum nur vorgetäuscht hatte, um die uneheliche Vaterschaft an Andri zu vertuschen. Er wird sich erhängen, seine Tochter, die den Andri nicht heiraten durfte, endet im Wahnsinn. Nur die Gesellschaft um sie herum funktioniert reibungslos weiter: nun als eine vom Feind besetzte.

Diesem Stück, das skandalöserweise seit Jahren von keinem großen Theater mehr gespielt wurde und ein wenig in die Laienspielebene verrutscht ist, hat Regisseur Peter Heusch in Abstimmung mit dem Autor neben manchem Textdetail eine ganze Darstellungsebene genommen: die der zwischen die Handlungstationen eingeschobenen späteren Rechtfertigungen der Gesellschaftsvertreter: Pater und Arzt, Wirt und Handwerker, Soldat und Intellektueller. Das ist historisch legitim, weil uns diese Rechtfertigungsmechanik nach der Zürcher Uraufführung von 1961 in der Realgeschichte überreichlich geliefert worden ist: zwischen dem ersten Frankfurter Auschwitz-Prozeß von 1964 und dem Düsseldorfer Majdanek-Prozeß. So etwas kann kein Theater so beklemmend darstellen wie Eberhard Fechners Majdanek-Prozeßfilm.

Die szenische Reduktion auf die Fabel von Max Frischs ›Andorra‹ entbindet eine dramaturgische Sogkraft, der man sich im Kleinen Haus des Düsseldorfer Schauspiels kaum entziehen kann: Sie spiegelt ästhetisch die innere Planstruktur der von Frisch thematisierten Minderheitenverfolgung. Im Einheitsrahmen von Hans-Georg Schäfer, der nur aus weißen Tüchern, Tischen und Stühlen sowie ein paar wenigen weiteren Versatzstücken besteht, gibt es von vornherein kein Entrinnen. So prallen Unversöhnlichkeit und Unversöhntheit in einer packenden Steigerung aufeinander. Wie hier jemand durch die ständige Vorhaltung seines angeblichen Andersseins, seines ›Jud‹-Seins, so programmiert wird, daß er die Wunschprojektion der anderen als eigene Identität annimmt, das macht der junge Beat Knoll zu einer erschreckenden Theatererfahrung.

Ihm gleichwertig zur Seite in einem erfreulich genau besetzten und agierenden Ensemble Marita Marschall als seine Geliebte, schließlich als Halbschwester erkannt, und Michael Mendl als Soldat, der vom angeberischen Landesverteidiger zum Selektions-Büttel der Besatzungsmacht wird. Dieses Drama, erleichtert um einigen ästhetischen Ballast, ist in seiner szenischen Analyse einer sich zum Massenwahn ausweitenden Vorurteilsstruktur so aktuell wie vor gut zwei Jahrzehnten – ein Eindruck, der sich bei der Lektüre des kürzlich zur Rezeptionsgeschichte des Stücks erschienenen Materialbands (Edition Suhrkamp 653) verstärkt. Dieser Klassiker bleibt ein Stück von uns: unserer Geschichte und Gegenwart. [...]«

(Frankfurter Rundschau vom 5. 12. 1984)

DORTMUND 1985

»Andorra« – ernstes Thema, ernstes Stück: Inszenierung nur ernst (Konrad Schmidt)

»Max Frischs ›Andorra‹ [. . .] ist ein Lehrstück, komplizierter in der psychologischen Auffächerung als Arbeiten Brechts, und auch nicht künstlicher in der Konstruktion der Figuren als Lessings ›Nathan‹. ›Andorra‹ enthält in der Sprache musikalisch-kompositorische Elemente, die das Werk in der Nähe eines szenischen Oratoriums rücken, man könnte es starr aufführen, mit Klängen unterlegt.

Kurt Reginbogin hat diesen Gedankenapparat Frischs zum Thema Antisemitismus (oder generell: Den verbreiteten Haß auf irgendeine Gruppe) für Dortmund in einem Bühnenbild von Gerard Howland inszeniert, das Raum für jede Deutung ließ. Trotz des Vorworts ›Das Andorra dieses Stücks hat nichts zu tun mit dem wirklichen Kleinstaat dieses Namens . . .‹, erinnern die Bilder der Wanddekoration an diesen – vielleicht auch ans Tessin.

Reginbogin hat Frisch sehr ernst genommen. Das äußert sich zweifach: Einmal war ihm wohl fast jedes Dichterwort heilig, zum anderen vertraute er stark auf die Theaterwirksamkeit der Vorlage. Ersteres führte zu einer Ausdehnung auf dreieinhalb Stunden – und die wären nur dann wachen Auges gut zu ertragen, wenn die Aufmerksamkeit auch angeregt würde. Angeregt nicht dadurch, daß beim offenen Umbau weiße Stellwände mit einem Knall umgekippt werden, sondern durch Aktion und sprachliche Spannung auf der Bühne.

Das aber ist eine Kunst, die Reginbogin auch diesmal entweder nicht beherrscht oder hintenanstellt, weil ihm der Zuschauer gleichgültig ist, weil er glaubt, die Leute da unten hätten zu fressen, was die da oben auf den Tisch bringen. Kurz: ›Andorra‹ war ungefähr so aufregend, als würde das Fernsehen die Ziehung der Lottozahlen aus den letzten fünf Jahren aneinandergehängt senden.

Woran liegt das? Einmal sicher daran, daß sich Reginbogin und mit ihm auch bisweilen die Darsteller darauf eingelassen haben, die Personen im kleinen weißen Andorra, das sich von den bösen Schwarzen draußen bedroht fühlt, als wandelnde Argumentensammlungen zum Thema Antisemitismus auf die Bühne zu bringen. Das persönliche Gefühl der im Grunde nur durchschnittlichen Menschen, die etwas gegen ›den Jud‹ haben, geht unter. [. . .]

Je tragender die Figuren für das Stück sind, umso schwächer wirken sie. Das gilt auch für gute Schauspieler. Edgar Mandel gehört dazu. Sein ›Lehrer‹, Vater des angeblichen Juden Andri, klebt am Text. Er sucht Satz für Satz einen passenden Ausdruck. Das geht meistens gut, aber dann kommen Sätze (›Du hassest micht‹), die Papier bleiben. Der Lehrer verliert häufig an Lebendigkeit, weil das, was er sagt, offenbar klar verständlich gesprochen werden muß – so als sei der Zuschauer jemand, der in erster Linie gehörte Argumente gegeneinander abwägt. Und eben das kann man nicht einmal vom Publikum bei einer Podiumsdiskussion erwarten. Mandels schauspielerisches Talent trug nicht in der ganzen Rolle, nur in kleinen Partikeln: Angeekeltes Schnapstrinken, die Angst, der Frau seine Liebschaft mit einer ›Schwarzen‹ (Andris Mutter) zu gestehen.

Boris Burgstaller wirkte gleichfalls wie ein schaumgebremstes Waschmittel. Wenn er (nur ein Beispiel) einige Male variiert wiederholen muß: ›Ich verdanke Dir mein Leben, ich weiß‹, dann steht hinter diesen Sätzen kein Schicksal. Es ist die eigentlich spannende Szene, in der ihm sein Vater sagen möchte, er sei kein ›Jud‹ sondern ein ›schwarz-weißer‹ Mischling (dessen Eltern sich nicht ›rassisch‹, sondern nur ideologisch unterschieden). Selbst wenn man diese Szene auswendig wüßte, sie in anderer Konstellation (von den griechischen Klassikern bis heute) in unzähligen Stücken findet, risse das mit, wenn die Seidenfäden zwischen den Figuren sirrend straff gespannt sind. Hier hörte man nur Text.

Zwischenspiel: Paul Schmidkonz spielt den frustrierten Akademiker, nur Amtsarzt geworden. Ihm merkt man an, daß er den Text versteht. Er hat fast als einziger keine Scheu, dem Antisemitismus auch eine Seele zu geben statt nur Wörter!

Barblin. Die Braut des Jud, der keiner ist, sondern ihr Halbbruder – da lassen die alten Griechen schon wieder grüßen – ist mit Deborah Epstein gut besetzt. Man kann ihrer Bühnengestalt allerdings kaum nachempfinden, warum sie mit dem Soldaten ins Bett geht. Und ihre Schlußworte, die Euripides nicht hätte besser schreiben können, ihr vergebliches Wegwaschen der Blutschuld nach dem Mord am Sündenbock Andri – ›dem Jud‹ –, dem letzten Satz: ›Hier sind seine Schuh. Rührt sie nicht an! Wenn er wiederkommt, das sind seine Schuh‹, ist große alte Tragödie. Und Reginbogin läßt gerade das wie eine Szene im Kindergarten spielen, in den eine ältere Debile (keine Medea) aus Versehen hineingeraten ist. Peter Pichler als Pater ist klarer.

Zweitens: Bei Auftritten und Abgängen stellt man sich Reginbogin als Zeitnehmer mit Stoppuhr vor. Das klappt auf die Sekunde. Stichwort: Auftritt. Stichwort: Abgang. Nur: die Bühne ist sehr groß. Bis zum ersten Wort müssen die Schauspieler einige Meter zurücklegen. Die latschen sie dann einfach ab. Des Zeitnehmers Uhr hört man im Kopf ständig ticken – sie wird immer langsamer. Am langsamsten bei der Judenschau. Die Menschensortierung wirkte wie Anstehen nach Butter, nicht wie ein Todesbahnhof.«

(Ruhr-Nachrichten vom 1. 4. 1985)

KONSTANZ 1985

Vom tödlichen Vorurteil (Gerhard Hellwig)

»Max Frisch macht es, wie es gute Zahnärzte machen: Er geht den Dingen auf den Grund, er macht sich ein Bild, ein exaktes, bevor er der Natur Kronen der Hoffnung überstülpt. In seinem ›Andorra‹-Stück hat sich seine bohrende Feder im Wurzelraum menschlicher Inhumanität eingenistet, in der Brutstätte eines schleichenden Gifts, das kein Erbarmen kennt, wenn es einmal in Umlauf gekommen ist. Namen hat es viele: Verleumdung, Denunziation, üble Nachrede, Vorurteile.

In ›Andorra‹ läuft die mörderische Automation des Vorurteils ab. In zwölf Bildern zeigt der Moralist Frisch das ›verblüffende Phänomen‹ (Mitscherlich) von dem Vorgang der leichtfertigen Vermischung von Wirklichkeit und Einbildung auf. Im Falle des jungen Andri führt es in den Tod. Nur weil dessen Vater feige ist; er verschweigt, daß Andris Mutter eine Feindin des Landes ist, er verbreitet, der Junge sei ein von ihm geretteter ›Jud‹. Und alle glauben's. Ja, so ist ein Jud: intelligent, aber ohne Gemüt, geldgierig, ohne Humor, voller Ehrgeiz, überempfindlich. Der Pater, der Soldat, der Wirt, der Tischler, der Doktor – sie alle machen einen Nichtjuden zum Juden.

Hans J. Ammanns Inszenierung zielt vor allem auf die Entblößung, auf die selbstgefällige Rechtschaffenheit der fiktiven Andorraner ab. Die Fixierung auf den Jud, der ebenso ein Neger oder ein Kommunist sein könnte, entlarvt die Fixierer selbst. Auf der Bühne des Stadttheaters Konstanz werden sie einzeln in einen grellen Lichtstrahl genommen, wenn sie in vorweggenommenen Epilogen ihre Rechtfertigung stammeln. Feige, geldgierig, ehrgeizig, ohne Gemüt – das sind sie, das ist die Gesellschaft, die sich ein falsches Bild gemacht hat, ein Bild, das sich Andri am Ende selbst nicht mehr nehmen lassen will: Ich bin ein Jud, und damit basta!

Seit der Uraufführung von ›Andorra‹ 1961 in Zürich hat man auch ein Bild von diesem Andri. Matthias Schenk [. . .] ist ein guter Andri. Es wehrt sich für seinen Jud mit Händen und Füßen, mit dem Kopf, mit der ständigen Frage, wie viel Wahrheiten es denn gebe, gegen das falsche

Bild, zu dem er einkreisend verwandelt wird. Matthias Schenks Andri erregt Mitleid, die Figuren, die ihn zugrunde richten, Ärgernis.

Das spricht für das schnörkellose, untheatralische Regiekonzept Ammanns, der Max Frisch zur Idee kommen läßt, auch wenn es einige Abweichungen vom Original, von den Anweisungen des Autors, gibt. Barblin, von Anke Siefken in die tragische Verstrickung überzeugend hineingestellt, weißelt nicht, sondern putzt und ölt ein Fahrrad. Damit beginnt das Stück. Es endet mit der entblößenden Judenschau, die in Konstanz fast ohne den vorgeschriebenen Text abläuft, darum aber nicht weniger darstellungswirksam, nicht weniger aussagekräftig [. . .]

Von Walter M. Förderer ein Bühnenbild, das wie ein Gegenreim auf den Inszenierungsstil wirkt. Für sich genommen - mit seinen rosé-gelblichen, graphisch-ähnlichen Seitenabdeckungen - Sinnbild einer geschlossenen, in sich gefangenen Gesellschaft - vielleicht. Schlußbeifall mit dem Merkmal großer Anerkennung.«

(Südkurier vom 21. 6. 1985)

MAINZ 1985

Einverständnis mit Ausrottung (Heike Kühn)

»Wer über den Dorfplatz geht, bewegt sich vorsichtiger als sonst: Direkt vor der chemischen Reinigung läuft ein Riß durch die Welt. Ein Schandpfahl, grün und spitz und ob seiner Ähnlichkeit mit einem überdimensionalen Spargel ein wenig auch lächerlich, wählt sich aus dieser Wunde - ein Dornenkind der Welt. Der Lehrer sieht es zuerst und wird von Furcht befallen. Er weiß, das kann nicht aus dem Boden gewachsen sein, aber niemand will den Pfahl aufgepflanzt haben. Ein Ableger des Hasses, wächst er bedrohlich in den Himmel über Andorra, scheinbar nur organischen Käften unterworfen, selbst ein Organ - das nämlich der Massenhysterie.

Aus dem Dunkel des Unterbewußtseins läßt der Regisseur Guy Reinesch im Großen Haus des landeshauptstädtischen Theaters das Marterinstrument aufsteigen, an dem in Max Frischs Stück ›Andorra‹ der als Jude verfolgte Andri enden wird: an einem aufrechten Stück Holz, errichtet aus den Brettern, die sich die Andorraner aus Ignoranz und Feigheit, aus Bequemlichkeit und eitler Eigenliebe vor die Hirne genagelt haben. Das vermeintliche Judenkind Andri, das ›der Lehrer‹ im letzten Krieg mit den ›Schwarzen von jenseits der Grenze‹ gerettet haben will, wird sich als sein eigener Sohn erweisen, den er verleugnet, weil er ihn mit einer ›Schwarzen‹ gezeugt hat. Die Wahrheit wird später niemand mehr interessieren. Eine fremde ›Spitzelin von drüben‹ (Andris Mutter) ist vom Pöbel erschlagen worden. Nur weiß man ja letztlich, ›daß Andorraner von Grund auf friedliebend, gastfreundlich und ehrlich sind‹: So kann es nur der Andri, der ungeliebte Außenseiter gewesen sein, den man als Jude ohnehin verdächtigt, gemütslos, gierig, berechnend, kalt und falsch zu sein.

Kein Land kann leben ohne Sündeböcke. Bitter notwendig ist es, dieses Stück wieder zu spielen in einer Zeit, da die Zeichen des Terrors wieder vermehrt zu sichten sind: Als Embleme auf Häuten und Jacken ebenso wie auf Schul- und Friedhofsmauern und - schlimmer noch - in der Alltagssprache, die sich mit den Juden von heute allerlei Scherze erlaubt. Abgesegnet von einer Ausländerpolitik, die suspekt schon erscheint, da sie dazu geeignet war, einen Herrn Zimmermann in den Rang eines Volkshelden zu erheben.

›Wir, das kleine, gewöhnliche Volk, billigen ihre Türkenpolitik, und zwar mit überwältigender Mehrheit. Und auf uns kommt es an, nicht auf ein paar Hände voll Intellektueller.‹ So zu lesen im Mainzer Programmheft, das Leserbriefe aus dem ›Spiegel‹ vom 3. September 1983 nachgedruckt hat. Tröstlich also, daß es auch den Schauspielern in Mainz ›drauf anzukommen‹ schien – zu zeigen, wie leicht Ressentiment und Neid und Angst vor eigenen Verlusten sich vereinnahmen lassen zum grabesstillen Einverständnis mit der Ausrottung des unverständlich Fremden, in welcher Form auch immer.

Durchweg glaubwürdig konnte das Ensemble die inquisitorische Atmosphäre, den Ausbruch des Massenwahns in Andorra vermitteln; eine passable Leistung, deren Konzentration allerdings von ungelenken Regieeinfällen unterlaufen wurde. Wann immer der Text Gefahr andeutet – ob unterschwellig oder real –, braust Musik auf: Rhythmisch sich steigernd in ekstatisches Rasen, weckt sie Assoziationen an Kulthandlungen, an Opferfeste, in deren Rausch latente Grausamkeit sich löst – zu einem verstörenden Ausgang. Ein lautmalerischer Hinweis, der – plump zwar, doch immerhin berechtigt – ins Spiel verwoben als einmaliger Ausrutscher hätte vergessen werden können, wenn nicht die Regie darauf bestanden hätte, fast jede Szene mit solchem (Trommel-)Wirbel zu beschweren. Als sei das Schweigen nicht lastend genug. [. . .]

Vor der Kammer seiner Geliebten, Barblin, von der er erst seit kurzem weiß, daß sie als Tochter des Lehrers nicht nur seine Ziehschwester, sondern sein leibliches Geschwister ist, ist er eingeschlafen. ›Der Soldat‹ (vorzüglich auch Helmut Potthoff) nützt die Gelegenheit und vergewaltigt das Mädchen. Unspektakulär geschieht das, verborgen vor den Augen der Zuschauer. Ein Gegenstand fällt, das Furchtbare geschieht leise, erdrückt die Schreie, Weinen. Dann erwacht Andri und beginnt zu erzählen. Vor der Tür, die sein Elend verbirgt, spricht der schüchterne Junge von dem Haß, den er entwickeln wird, um sich zu wehren. Rührend bemüht ist sein Eifer, harmlos, vergeblich: Der lernt das nie, nicht mehr.

Brenda Wolff als Partnerin dieses jungen Talents, gibt mit ihrer Barblin keine so gute Figur. Bläßlich wirkt sie, ermüdend gleichförmig im Ausdruck, gegen Ende verliert sie gänzlich an Spannung. Wahnsinnig soll sie sich geben über den Mord am Geliebten und den Suizid des Vaters, aber die Vorstellung von Verrücktheit kann sie (noch?) nicht ausfüllen. Verständlich: am gespielten Wahnsinn ist schon so mancher gescheitert, der sich zum Schutz nicht hinter dem Schild der Jugend bergen konnte.«

(Frankfurter Rundschau vom 25. 9. 1985)

KÖLN 1986

Das richtige Stück zur rechten Zeit (Irene Meichsner)

»›In Andorra lebte ein junger Mann, den man für einen Juden hielt. Zu erzählen wäre die vermeintliche Geschichte seiner Herkunft, sein täglicher Umgang mit den Andorranern, die in ihm den Juden sehen: das fertige Bildnis, das ihn überall erwartet‹. So schrieb Max Frisch 1946 in der Skizze ›Der andorranische Jude‹ über sein späteres Stück ›Andorra‹. Die jüngste Aufführung im Theater Der Keller zeigte, daß Frischs meistgespieltes Drama seither an Aktualität nicht eingebüßt hat.

Mit dem Zeitabstand von den Greueln der Judenvernichtung mag sogar deutlicher werden, daß der Autor nicht nur vom Antisemitismus handelt, sich vielmehr gegen jeden wendet, der sich ein Bild des anderen macht, andere zum Außenseiter abstempelt – obwohl im Zeichen des Streits um Rainer Werner Faßbinders Stücks ›Der Müll, die Stadt und der Tod‹ Frischs ›Andorra‹ sicher auch das Thema Antisemitismus wieder in den Vordergrund rückt: Insofern brachte das Kellertheater das richtige Stück zur rechten Zeit heraus.

Die von Peter Schwab betreute Inszenierung gelang konzentriert, bedächtig, genau. Gleichwohl war die Aufführung nicht in jeder Hinsicht geglückt. Problematischer war, daß Schwab sämtliche Szenen vor der ›Zeugenschranke‹ gestrichen hatte. Frisch unterbricht hier mehrfach sein Stück, indem er die Verantwortlichen für den späteren Mord an dem vermeintlichen Juden Andri einzeln auftreten läßt: den Tischler, den Gesellen, den Pater, den Doktor, den Soldaten – sie alle beschwören ihre Unschuld und zeigen damit doch eigentlich erst ihre wahre Schuld: Sie weigern sich, zu verstehen, was sie taten, als sie sich ihr Bild des ›Juden‹ Andri zeichneten; ziehen sich auf die Ausrede zurück, sie hätten eben nicht wissen können, daß Andri in Wahrheit gar kein Jude war.

Frischs Drama wird ohne diese Szenen geradliniger, ›stromlinienförmiger‹ als es eigentlich angelegt ist; für Nachdenklichkeit ist weniger Ruhe und Raum. So konzentrierte sich die Aufführung zwangsläufig ganz auf den Prozeß, in dessen Verlauf Andri sich dem Bild des ›Juden‹ anzupassen lernt.

Hans-Detlef Hüpgen engagierte sich enorm, um den Weg vom zunächst ganz unbefangenen Jungen zum entschlossenen ›Juden‹ plausibel zu machen; daß sein Spiel dabei manchmal etwas Hastiges, Atemloses an sich hatte, dürfte der besonderen Belastung seiner Rolle in dieser Inszenierung zuzuschreiben sein [. . .]«

(Kölner Stadt-Anzeiger vom 18. 2. 1986)

RUNDFUNKPRODUKTION 1962/1986

»Andorra« – ein Vierteljahrhundert danach (Christoph Egger)

»[. . .] Wenn das Ressort Hörspiel von Radio DRS nun aus Anlaß des 75. Geburtstags von Max Frisch kein Hörspiel, sondern ›Andorra‹ aufs Programm setzte, so kann es doch gute Gründe dafür anführen. Das Stück war nämlich, in einer Produktion von 1962 (Mikrophonregie von Robert Bichler), in der Besetzung und Inszenierung der Uraufführung zu hören, die am 2., 3. und 4. November 1961 unter der Regie von Kurt Hirschfeld stattfand. Die Dokumentation derartiger Ereignisse gehört durchaus zu den vornehmen Aufgaben des Radios. Eindrücklich belegt die Aufnahme das große sprecherische Können dieser Schauspieler. Und deutlich wird auch, wie dieser bedeutende Text weder der historischen Relativierung noch der inszenatorischen Aktualisierung des Erscheinungsbilds bedarf, um zu wirken.

Dennoch fehlt ihm die Bühne. Es liegt nicht nur an der zurückhaltenden, ganz aufs Wort konzentrierten Radioeinrichtung, wenn dem Hörer bei aller Anstrengung seiner Vorstellungskraft mehrere Szenen unanschaulich, verschiedene Sätze, Auftritte von Figuren, ja Geräusche befremdlich erscheinen müssen. In seinen am 11. März 1962 in diesem Blatt erschienenen, Kurt Hirschfeld zum 60. Geburtstag gewidmeten ›Notizen von den Proben‹ erläutert Max Frisch die Erkenntnisse in bezug auf die bühnentechnische Einrichtung des Texts, die er durch seine Beobachtungen bei den Proben gewonnen hatte. Absolut erstrangig ist dabei die Bedeutung des Optischen, die Funktion des Räumlichen. ›Die Geste‹, ›Links und rechts‹ oder ›Die Schuhe‹ deuten an, worauf Frisch – dem Brecht über die Schulter späht – seine Aufmerksamkeit richtete und was Mikrophon und Lautsprecher unzugänglich bleiben mußte. Im Abschnitt ›Neuralgische Punkte‹ heißt es, daß das Aufsammeln des Geldes durch den Schauspieler die Figur des Andri in wenigen Sekunden präge, ›das heißt, in wenigen Sekunden wird das Vorzeichen zu seinem späteren Text gesetzt‹.

Dieser Text war hier nicht derjenige der Buchausgabe, für die er von Frisch überarbeitet wurde. Am auffallendsten ist das Fehlen expliziterer historischer Anspielungen sowie eine überraschende Zurückhaltung im Sexuell-Erotischen. Keine Rede davon, daß Barblin (Kathrin Schmid) im zweiten Bild die Bluse auszöge; ebenso fehlt im elften Bild Andris Aufforderung an sie, sich auszuziehen. (Welche Ambivalenz dieser Frauenfigur eignen kann, macht die intensive junge Marita Marschall sichtbar, die die Rolle in Peter Heuschs Inszenierung für das Schauspielhaus Düsseldorf verkörperte, die in einer Einrichtung fürs Fernsehen am gleichen Abend, 20 Minuten nach Schluß der Radioausstrahlung, im ZDF gezeigt wurde.) Kurt Beck war freilich ein Soldat, über dessen latente Gefährlichkeit man sich keine Illusionen zu machen brauchte. Der zu Trommelschlägen rhythmisierte ›Radau‹, den er vollführte, ist von böser Insistenz.

Was durch die Übertragung von der Bühne ins Radio weitgehend verloren ging und im Text nicht aufgehoben blieb, ist das Bewußtsein verstreichender Zeit. Die Regieanweisung zum zwölften Bild, ›Lange geschieht nichts‹, erschien unbeachtet. Doch, wenn man genau hinhörte, wie Peter Brogle, dieser heiter-offene, düster-verschlossene Andri, ›Ich bin alt‹ sagte, dumpf das letzte Wort und es dennoch in brüchiger Schwebe haltend, dann stieg tatsächlich Zeit herauf. Ernst Schröder als der Lehrer, sein wieherndes ›Juuuud‹, Angelika Arndts als die Mutter, Heidemarie Hatheyer als die Señora, Rolf Henniger als der Pater, Peter Ehrlich als der Tischler oder Willy Birgel als der Doktor – sie und ebenso die hier nicht mehr Genannten zeigten auch in einem Medium, das Absicht und Inszenierung des Texts nicht vollkommen entsprach, was große Kunst der Darstellung ist.«

(Neue Zürcher Zeitung vom 15. 5. 1986)

ZÜRICH 1988

»Die Schuldigen sitzen ja im Parkett« – Max Frischs »Andorra« im Schauspielhaus Zürich: Überprüfung einer Legende (Klara Obermüller)

»Am Zürcher Schauspielhaus lassen sich zurzeit Legenden überprüfen, hartnäckige Legenden, mit denen das Haus und mehr noch das Zürcher Publikum lange komfortabel gelebt haben. Die Rede ist von Dürrenmatts ›Physikern‹ und von Frischs ›Andorra‹. Die Uraufführung beider Stücke hatte in Zürich stattgefunden, und wer sie gesehen hat, brüstet sich vor jüngeren gerne damit. Klar war von vornherein, daß jede Neuinszenierung weit hinter dem großen Vorbild zurückbleiben würde. Ein Teil der Schwierigkeiten, die Schauspielhaus und Zürcher Publikum miteinander haben, läßt sich auf diesen nostalgischen Umgang mit der eigenen Legende zurückführen. [. . .]

Und nun also ›Andorra‹, Ereignis der frühen sechziger Jahre. ›Man kann über dieses Stück nicht schreiben wie über irgendeines‹, hatte damals Siegfried Melchinger in der ›Stuttgarter Zeitung‹ geschrieben. ›Es ist in deutscher Sprache das wichtigste seit Jahren.‹

Die Spannung an der Premiere war entsprechend groß, vor allem unter denen, die die Uraufführung als erhebendes Ereignis ihrer jungen Jahre im Gedächtnis bewahrten. Wir hatten damals gerade angefangen, politisch zu denken, der Schweiz behutsam kritisch auf die Finger zu klopfen, und schwärmten alle mehr oder weniger für den jungen Brogle. Das verleiht der Aufführung in unserer Erinnerung einen Schmelz, den kein noch so gutes, noch so werkgetreues ›Remake‹ je wieder haben kann.

Paris Kosmidis' Inszenierung war alles andere als schlecht, das Bühnenbild von Vincent Callara ansprechend und sehr flexibel, und die einzig wirklich einschneidende Veränderung, die Kosmidis gewagt hatte, erwies sich als überaus klug: Er ließ die Andorraner nicht, wie Frisch es vorgeschrieben und Kurt Hirschfeld es damals in Szene gesetzt hatte, vor eine Gerichtsschranke treten und ihre fadenscheinigen Entschuldigungen vorbringen; er sandte ihre Stimmen über Lautsprecher in den verdunkelten Saal und erreichte damit genau, was Frisch gewollt hatte: Wir fühlten uns miteinbezogen, ein Volk von notorisch Unschuldigen, ›von lauter Nichtkriegsverbrechern‹, wie Frisch es einmal formuliert hatte. Wir fühlten uns am Schluß mitschuldig.

Gleichwohl dauerte es lange, eigentlich bis nach der Pause, bis das Stück einen wirklich packte und halbwegs eintrat, was Frisch gefordert hatte: ›Sie [die Zuschauer] sollen erschrecken, sie sollen, wenn sie das Stück gesehen haben, nachts wachliegen.‹

Ich glaube nicht, daß es am Stil der etwas temperamentlosen Inszenierung oder an der mangelnden Ausstrahlung des Hauptdarstellers Alfred Bosshardt liegt, wenn dieses Erschrecken nicht mehr im gleichen Maße eintrat wie vor 27 Jahren. Ich glaube, es liegt auch hier an den Zeiten, die sich verändert haben und wir uns mit ihnen. Als ›Andorra‹ 1961 uraufgeführt und erst recht 1947, als der Text vom ›Andorranischen Juden‹ im ›Tagebuch‹ zum erstenmal veröffentlicht wurde, fühlte die Schweiz sich tatsächlich noch als ein ›Volk ohne Schuld‹, verschont vom Krieg nicht aus Zufall oder Gnade, sondern dank der eigenen moralischen Überlegenheit, als einen ›Inbegriff‹, wie es im Stück heißt, einen ›Hort des Friedens und der Freiheit und der Menschenrechte‹.

Mit dieser Legende ist die Nachkriegsgeneration großgeworden. Es ist unter anderem Frisch zu verdanken, daß diese Legende Sprünge bekam, daß unsere ›unbewältigte Vergangenheit‹ – die Flüchtlingspolitik, der Antisemitismus und die Nazi-Ideologie made in Switzerland – ein Gegenstand öffentlicher Diskussion wurde, daß die Schweizer ihre Unschuld verloren und einzusehen begannen, daß das Schicksal sie zwar vom Krieg verschont hatte, nicht aber von der Mitschuld an dem, was geschehen war. In vielem hatte es der Schweiz lediglich an der passenden Gelegenheit gefehlt. Wie es herausgekommen wäre, wenn diese Gelegenheit sich geboten hätte, das hat Max Frisch in seinem Modell-Stück ›Andorra‹ aufgezeigt.

›Eigentlich handelt das Stück gar nicht vom Antisemitismus. Der Antisemitismus ist nur ein Beispiel‹, hat Max Frisch immer wieder betont und es doch nicht verhindern können, daß ›Andorra‹ in erster Linie als eine Parabel vom Aufkommen des Antisemitismus gelesen wurde. Auch die neue Zürcher Inszenierung weist in diese Richtung, und dabei ging unter, daß Antisemitismus und Judenverfolgung bei Frisch in den Kontext eines viel umfassenderen Themas gehören: in denjenigen des alttestamentlichen Bildnisverbots, das für ihn zur Kernfrage seiner Identitätssuche und zum A und O jeglicher Liebe wurde. ›Du sollst dir kein Bildnis machen‹ – weder von Gott noch von den Menschen und schon gar nicht von dem einen, den man liebt – unmittelbar auf diese Überlegungen im ›Tagebuch‹ folgt die Geschichte vom ›Andorranischen Juden‹, der zum Juden wird, weil alle ihn dafür halten.

Über diese Theorie werden Experten des Antisemitismus sich streiten. Im Stück selbst ist die Hypothese schlüssig und wichtig ohnehin nur soweit, als sie uns klarmacht, daß Antisemitismus, Fremdenhaß und Vorurteile gegen Minderheiten kein Privileg ausländischer Völkerschaften, sondern ein höchst einheimisches, gutschweizerisches Phänomen sind. Und auch keines, das der Vergangenheit angehört, ein für allemal, sondern eins, das wiederkommt, wie ein Gespenst, das keine Ruhe findet, solange sich auf Erden nichts geändert hat.

›Die Mitschuldigen sind überall‹, hat Max Frisch gesagt. Sie sitzen im Publikum, und sie stehen auf der Bühne: der Lehrer und Vater Andris, den Peter Arens in seiner ganzen Erbärmlichkeit überzeugend darstellt, Renate Steigers Mutter, die zwar manches durchschaut, aber nach alter Frauenart schweigt zu dem, was die Männer tun, der Wirt (Jodoc Seidel), der Tischler (René Scheibli) und der Doktor (Dietmar Schönherr), die sich allesamt sonnen in andorranischer Selbstgerechtigkeit und bösartig werden in ihrer Feigheit, und schließlich Hubert Kronlachner als Pater, der sich von einer sehr zarten, sehr mutigen Bablin (Jessica Früh) die alles entscheidende Frage stellen lassen muß: ›Wo, Pater Benedikt, bist du gewesen, als sie unseren Bruder geholt haben wie Schlachtvieh?‹

Das ist die Frage, die Böll seinen Landsleuten gestellt hatte, als sie aus dem Krieg zurückkamen und von allem nichts gewußt haben wollten. Es ist die Frage, die sich ein Höfer, ein Waldheim stellen lassen müssen. Es ist die Frage an jeden und jede von uns, und wir haben sie zu beantworten, auch wenn ›die Gnade einer späten Geburt‹ uns scheinbar von der Verantwortung ausnimmt.«

(Die Weltwoche vom 4. 2. 1988)

VII. Literaturverzeichnis

Zitiert wird nach der Ausgabe: *Max Frisch.* Gesammelte Werke in zeitlicher Folge (6 Bde.), hg. v. *Hans Mayer* unter Mitwirkung von *Walter Schmitz.* Frankfurt/M. 1976. [zit. als »GW«]. Darin *Andorra*: Bd. IV, S. 461-560.
Erstausgabe: *Max Frisch*, Andorra. Stück in zwölf Bildern. Frankfurt/M. 1961.

1. Bibliographien

Frühwald, Wolfgang und *Walter Schmitz:* Literaturverzeichnis. In: *Frühwald/Schmitz,* a.a.O., S. 170-183.
Knapp, Mona: Kommentierte Arbeitsbibliographie zu Max Frisch. In: *Knapp 1,* a.a.O., S. 309-351.
Petersen, Jürgen H.: Literaturverzeichnis. In: *Petersen,* a.a.O., S. 207-228.
Schmitz, Walter: Bibliographie. In: Über Max Frisch II, a.a.O., S. 453-534.
Wendt, Ernst und *Walter Schmitz:* Kommentierte Bibliographie. In: *Wendt/Schmitz,* a.a.O., S. 286-315.

2. Gespräche und Interviews mit Frisch

Arnold, Heinz Ludwig: Gespräch mit Max Frisch. In: *H.L.A.,* Gespräche mit Schriftstellern. München 1975, S. 9-73 [zit. als »*Arnold*«].
Bienek, Horst: Max Frisch. In: *H.B.,* Werkstattgespräche mit Schriftstellern. München 1965 = Beck'sche Schwarze Reihe 134 [zit. als »*Bienek*«].
Bloch, Peter André und *Rudolf Bussmann:* Gespräch mit Max Frisch. In: Der Schriftsteller in unserer Zeit. Schweizer Autoren bestimmen ihre Rolle in der Gesellschaft, hg. v. *P.A.B.* und *Edwin Hubacher.* Bern 1972, S. 17-35.
Riess, Curt: Mitschuldige sind überall. Eine Unterhaltung mit Max Frisch über sein neues Stück. In: Die Zeit vom 3. 11. 1961 [zit. als »*Riess*«].

3. Gesamtdarstellungen und Sammelbände zum Werk Frischs

Bänziger, Hans: Frisch und Dürrenmatt. Bern [6]1971.
Bänziger, Hans: Zwischen Protest und Traditionsbewußtsein. Arbeiten zum Werk und zur gesellschaftlichen Stellung Max Frischs. Bern, München 1975.
Butler, Michael: The Novels of Max Frisch. London 1976.
Frisch. Kritik – Thesen – Analysen. Beiträge zum 65. Geburtstag, hg. v. *Manfred Jurgensen.* Bern, München 1977 = Queensland Studies 6 [zit. als »*Jurgensen 1*«].
Hoffmann, Frank: Der Kitsch bei Max Frisch. Vorgeformte Realitätsvokabeln. Bad Honnef, Zürich 1979 = Keimers Abhandlungen zur deutschen Sprache und Kultur 2.
Jurgensen, Manfred: Max Frisch. Die Dramen. Bern, München [2]1976 [zit. als »*Jurgensen 2*«].
ders.: Max Frisch. Die Romane. Bern, München [2]1976.
Karasek, Hellmuth: Max Frisch. Velber bei Hannover [5]1974 = Friedrichs Dramatiker des Welttheaters 17.
Max Frisch. Aspekte des Prosawerks, hg. v. *Gerhard P. Knapp.* Bern, Frankfurt, Las Vegas 1978 = Studien zum Werk Max Frischs 1 [zit. als »*Knapp 1*«].
Max Frisch. Aspekte des Bühnenwerks, hg. v. *Gerhard P. Knapp.* Bern, Frankfurt, Las Vegas 1979 = Studien zum Werk Max Frischs 2 [zit. als »*Knapp 2*«]. Darin *Mona Knapp:* »Die Frau ist ein Mensch, bevor man sie liebt, manchmal auch nachher...« Kritisches zur Gestaltung der Frau in Frischtexten, S. 73-105 [zit. als »*M. Knapp*«].

Max Frisch – Beiträge zur Wirkungsgeschichte, hg. v. *Albrecht Schau*. Freiburg/Br. 1971 = Materialien zur deutschen Literatur 2 [zit. als »*Schau*«].

Petersen, Carol: Max Frisch. Berlin ^{4}1972 = Köpfe des 20. Jhds. 44.

Petersen, Jürgen H.: Max Frisch. Stuttgart 1978; ^{2}1989 = Sammlung Metzler 156 [zit. als »*Petersen*«].

Pickar, Gertrud Bauer: The Dramatic Works of Max Frisch. Bern, Frankfurt, Las Vegas 1977 = European University Papers I, 182.

Schenker, Walter: Die Sprache Max Frischs in der Spannung zwischen Mundart und Schriftsprache. Berlin 1969 = Quellen und Forschungen zur Sprach- und Kulturgeschichte der germanischen Völker N.F. 31.

Schuchmann, Manfred E.: Der Autor als Zeitgenosse. Gesellschaftliche Aspekte in Max Frischs Werk. Bern, Frankfurt, Las Vegas 1979 = Europ. Hochschulschriften I, 296.

Schuhmacher, Klaus: „Weil es geschehen ist." Untersuchungen zu Max Frischs Poetik der Geschichte. Königstein 1979 = Diskurs. Forschungen zur deutschen Literatur 1.

Stäuble, Eduard: Max Frisch. Gesamtdarstellung seines Werkes. St. Gallen ^{4}1971.

Steinmetz, Horst: Max Frisch: Tagebuch, Drama, Roman. Göttingen 1973 = Kleine Vandenhoeck-Reihe 379.

Stephan, Alexander: Max Frisch. München 1983 = Autorenbücher 37.

Text + Kritik 47/48 (1975): Max Frisch, hg. v. *Heinz Ludwig Arnold;* ^{2}1976.

Über Max Frisch, hg. v. *Thomas Beckermann*. Frankfurt ^{6}1976 = edition suhrkamp 404.

Über Max Frisch II, hg. v. *Walter Schmitz*. Frankfurt 1976 = edition suhrkamp 852.

Vin, Daniel de: Max Frischs Tagebücher. Köln, Wien 1977 = böhlau forum litterarum 10.

4. Arbeiten zum Problem des Antisemitismus

Adorno, Theodor W.: Was bedeutet: Aufarbeitung der Vergangenheit? In: *Th. W. A.*, Eingriffe. Neun kritische Modelle. Frankfurt 1964 = edition suhrkamp 10, S. 125-146 [zit. als »*Adorno*«].

Allport, Gordon W.: Die Natur des Vorurteils. Köln 1971 = Studien-Bibliothek.

Arendt, Hannah: Eichmann in Jerusalem. Ein Bericht von der Banalität des Bösen. München 1964.

Bloch, Ernst: Die sogenannte Judenfrage. In: *E. B.*, Literarische Aufsätze. Frankfurt 1965, S. 549-554.

Kahler, Erich: Ursprung und Wandlung des Judenhasses. In: *E. K.*, Die Verantwortung des Geistes. Gesammelte Aufsätze. Frankfurt 1952, S. 53-91.

5. Übergreifende Studien zum modernen Drama

Butzlaff, Wolfgang: Die Darstellung der Jahre 1933-1945 im deutschen Drama. In: Der Deutschunterricht 16 (1964), S. 25-38.

Durzak, Manfred: Dürrenmatt, Frisch, Weiss. Deutsches Drama der Gegenwart zwischen Kritik und Utopie. Stuttgart ^{2}1972.

Geiger, Heinz: Widerstand und Mitschuld. Zum deutschen Drama von Brecht bis Weiss. Düsseldorf 1973 = Literatur in der Gesellschaft 9.

Haberkamm, Klaus: Die alte Dame in Andorra. Zwei Schweizer Parabeln des nationalsozialistischen Antisemitismus. In: Gegenwartsliteratur und Drittes Reich. Deutsche Autoren in der Auseinandersetzung mit der Vergangenheit, hg. v. *Hans Wagener*. Stuttgart 1977, S. 95-110.

Hinck, Walter: Das moderne Drama in Deutschland. Vom expressionistischen zum dokumentarischen Theater. Göttingen 1973 = Sammlung Vandenhoeck.

Ismayr, Wolfgang: Das politische Theater in Westdeutschland. Meisenheim am Glan 1977 = Hochschulschriften Literaturwissenschaft 24 [zit. als »*Ismayr*«].

Lengborn, Thorbjörn: Schriftsteller und Gesellschaft in der Schweiz. Eine Studie zur Behandlung der Gesellschaftsproblematik bei Zollinger, Frisch und Dürrenmatt. Frankfurt 1972.

6. Aufsätze, Materialien und Monographien zu »Andorra«

Arnold, Armin: Woyzeck in Andorra: Max Frisch und Georg Büchner. In: *Knapp 2,* a.a.O., S. 297-311.

Aurin, Kurt: Andorra – ein psychologisches Modell. In: Politische Psychologie 3. Vorurteile. Ihre Erforschung und ihre Bekämpfung. Frankfurt 1969, S. 95-112. Wiederabgedruckt in: *Schau,* a.a.O., S. 248-266.

Bänziger, Hans: Andorra und die Welt. In : Frankfurter Hefte 30 (1975), S. 45-57.

Biedermann, Marianne: Das politische Theater von Max Frisch. Lampertheim 1974 = Theater unserer Zeit 13. Zu »Andorra« S. 53-93 [zit. als »*Biedermann*«].

Frühwald, Wolfgang: Wo ist Andorra? Zu einem poetischen Modell Max Frischs. In: Beiträge zu den Ferienkursen des Goethe-Instituts für Deutschlehrer und Hochschulgermanisten aus dem Ausland. München 1966, S. 18-23. Wiederabgedruckt in: Über Max Frisch II, a.a.O., S. 305-313.

Frühwald, Wolfgang und *Walter Schmitz:* Max Frisch. »Andorra«, »Wilhelm Tell«. Materialien, Kommentare. München, Wien 1977 = Reihe Hanser 243, Literatur-Kommentare 9 [zit. als »*Frühwald/Schmitz*«].

Hegele, Wolfgang: Max Frisch »Andorra«. In: Der Deutschunterricht 20 (1968), S. 35-50. Wiederabgedruckt in: Über Max Frisch, a.a.O., S. 172-191 [zit. als »*Hegele*«].

Hilty, Hans Rudolf: Tabu »Andorra«. In: Der Deutschunterricht 14 (1962), S. 52-54. Wiederabgedruckt in: *Wendt/Schmitz,* a.a.O., S. 113-121.

Hüning, Franz Josef: Pluralistische Textanalyse als kooperative Unterrichtsform. Dargestellt am Beispiel von Max Frischs »Andorra«, 1. Bild. In: Der Deutschunterricht 25 (1973), S. 90-102. Wiederabgedruckt in: *Wendt/Schmitz,* a.a.O., S. 261-276.

Krapp, Helmut: Das Gleichnis vom verfälschten Leben. Ursprünglich in: Programmheft der Städtischen Bühnen Frankfurt 1961/1962, S. 5-9. Wiederabgedruckt in: *Schau,* a.a.O., S. 280-283; auch in: Über Max Frisch II, a.a.O., S. 299-304; auch in: *Wendt/Schmitz,* a.a.O., S. 98-103.

Lohmann, Christa: Das Judenproblem im Literaturunterricht. Ein Unterrichtsbeispiel für die Oberstufe. In: Der Deutschunterricht 18 (1966), S. 79-90.

Materialien zu Max Frischs ›Andorra‹, hg. v. *Ernst Wendt* und *Walter Schmitz.* Frankfurt 1978 = edition suhrkamp 653 [zit. als »*Wendt/Schmitz*«].
Aktualisierte Fassung dieses Materialienbandes unter dem Titel »Frischs ›Andorra‹«, Frankfurt 1984 = suhrkamp taschenbuch materialien 2053.

Petermann, Gerd Alfred: Max Frisch und die Psychologie. Kritische Anmerkungen zu Interpretationen von »Andorra«. In: *Knapp 2,* a.a.O., S. 313-339.

Pütz, Peter: Max Frischs »Andorra« – ein Modell der Mißverständnisse. In: Text + Kritik 47/48 (1975), S. 37-43. Wiederabgedruckt in: *Wendt/Schmitz,* a.a.O., S. 122-132 [zit. als »*Pütz*«].

Wysling, Hans: Dramaturgische Probleme in Frischs ›Andorra‹ und Dürrenmatts ›Besuch der alten Dame‹. In: Akten des V. Internationalen Germanisten-Kongresses. Cambridge 1975, S. 425-431. Wiederabgedruckt in: *Wendt/Schmitz,* a.a.O., S. 133-142.